5분 순삭 한국사

일러두기
이 책의 '한국사 연대표'는 국사편찬위원회의 '우리역사넷' 한국사 연표를 참
고하였으며, 지역 문화와 지역 설화에 관한 내용은 각 지역의 홈페이지에 있
는 내용을 참고해 구성하였습니다.

보기만 해도 잡힌다!
한눈에 들어오는
가장 짧은 한국사 여행

순삭
한국사

5분

이정균 지음

포르*케

아이들과 함께하는 주말 역사 나들이

2023년, 2년간 우리를 괴롭혔던 코로나가 끝났다. 사람들은 겨울잠에서 깨어난 것처럼 그동안 누리지 못했던 자유를 만끽하고 있다. 그중 대부분은 저렴한 비용으로 최고의 효율을 낼 수 있는 해외 여행지를 찾아 떠나고 있다. 이른바 가성비 여행이다. 그에 비해 국내 여행을 계획하는 사람들은 찾아보기 힘들다. 국내 여행지로 발길을 돌려봐도 마땅히 생각나는 곳이 드물기 때문이다. 여행의 기분을 느끼기에 국내 여행지는 너무 익숙하기도 하고, 같은 비용이면 해외 여행을 가는 것이 더 저렴하다고 생각한다. 왜 그럴까?

최근 뉴스를 보면 국내 여행이 감소하는 이유에 대해 알 수 있다. 앞서 말한 것처럼 부족한 가성비, 즉 상당한 비용을 각오해야 한다는 것이 이유다. 4인 가족이라면 비용적인 측면에서 더욱 많은 장벽이 있다. 최근 캠핑을 선호하는 분위기가 늘어나는 것도 이에 한몫한다. 국내 관광이 활성화되고, 수많은 사람의 입소문과 함께 지역 명소가 되려면 결국 대한민국 부모님들의 힘이 필요하다.

SNS가 발달하면서 사람들은 자신의 일상을 공유하며 즐거움을 찾고 있다. 이러한 행보에 발맞추어 각 지자체도 SNS를 활용한다. 하지만 SNS 위주로 홍보하는 방식을 고집하니 이에 따른 문제도 만만치 않다.

가령 어느 지역에서 출렁다리가 인기를 끌었다면 다른 곳에도 똑같이 출렁다리가 만들어진다. 그리고 스카이워크 때문에 많은 사람이 방문했다면 다른 지역에도 똑같이 스카이 워크가 만들어진다. 그래서 국내 여행은 지역의 특색과 매력을 어필하기보다 매우 비슷한 관광지를 만들어 누구나 쉽게 접근할 수 있게 하는 데에 중점을 둔다. 이러한 문제가 반복되면 재방문 의사가 떨어지는 것은 당연할 수밖에 없다.

직장생활을 병행하며 해외로 여행을 가기란 쉽지 않았다. 하지만 바쁜 와중에도 틈틈이 짬을 내어 여러 나라를 방문했다. 그래서 소중했던 그 여행이 더욱 특별하게 느껴졌다. 막연하게 상상하던 모든 것들이 내 눈앞에 현실로 펼쳐졌으니 그만큼 벅차올랐다. 여행을 가면 앉아서 졸고 있는 강아지만 봐도 신기하게 보인다. 그만큼 여행이 주는 만족감이 크다는 걸 의미한다.

어렸을 때는 부모님의 손에 이끌려 전국 방방곡곡을 여행했다. 당시 상황이 정확하게 기억나지는 않으나 신이 났던 감정은 아직도 남아 있다. 시간이 흘러 나도 부모가 되었다. 자녀들과 함께 그곳을 다시 방문할 때면 어렸을 적 모습이 생각나 추억에 잠기곤 했다. 누군가는 아직 아이들이 어려서 여행을 다녀도 기억을 못 하니, 무리하지 말라는 말도 했다. 하지만 사랑하는 나의 자녀들이 언젠가 성인이 되어 그곳을 마주했을 때, 행복했던 추억을 다시 기억할 수 있다면 그걸로 충분하다. 부모라는 존재는 자식들에게 추억으로 남아 있으면 될 뿐이다.

많은 부모의 마음이 그러할 것이다. 그래서 부모는 시간이 된다면 아이들과 지방의 여러 관광지를 방문하고 싶어 한다. 하지만 갈 만한 곳을 찾기 힘들다. 모순이지만 국내 여행을 가려고 생각하면 이게 가장 큰 현실적 문제다. 혹시 국내 여행을 떠올리면 가장 먼저 무엇이 떠오르는가? 조선 500년의 역사가 담긴 서울, 신라 천 년의 고도 경주를 빼면 마땅히 떠오르는 곳은 없다. 대부분 제대로 관리가 되어 있지 않고 지자체들은 늘 예산 문제를 이유로 관광자원 개발에도 소극적으로 일관한다.

아이를 데리고 여행을 가기로 계획했다면 그때부터 부모의 머리는 복잡해진다. 마음껏 뛰어놀 수 있는지, 조금이나마 체험할 곳이 있는지, 좋아할 만한 곳인지, 흥미를 느낄 수 있는 곳인지 모든 것들이 고려 대상이다. 그렇게 여행지가 선택되면 입장료는 얼마인지, 주차는 편한지, 식사는 가능한지, 이동 중 불편한 점은 없는지에 관한 다른 고민은 덤이다.

그래서 자녀와 함께 갈 수 있는 곳은 늘 키즈카페·어린이박물관·체험 놀이시설 등 매우 제한적이다. 무엇보다 비싼 입장료를 내고 들어가도 체험 시간이 1시간 이내로 끝나는 경우가 많아 속상할 때가 적지 않다. 이런 이유로 부모들은 아이들이 긴 시간을 유익하게 보낼 수 있는 유적지를 찾는다. 하지만 막상 공부를 위해 역사와 관련된 유적지를 방문하면 아이에게 해 줄 이야기가 없어 말수가 줄어든다.

평소 역사에 관심이 없는 사람은 역사를 생각하면 머리가 아프고 답답함을 느낀다. 이는 역사를 외워야만 하는 공부·시험을 위한 공부·자격증을 위한 공부 정도로만 생각했기 때문이다. 설령 자녀가 역사에 호기심을 느낀다고 해도 알고 있는 이야기가 없어 알려 주기 힘든 부모도 있다. 역사 콘텐츠의 진입 장벽이 높다 보니 쉽게 다가가지 못하기 때문이다.

1990년대를 지나온 분들이라면 〈대한민국을 빛낸 100명의 위인들〉이라는 노래를 들어본 적이 있을 것이다. 역사적 위인들을 고조선 시대부터 현대에 이르기까지 100명을 추려 노래로 만든 곡이다. 이 노래는 등장하는 인물들이 많기에 1절부터 5절까지 있다. 그래서 나도 가족들과 노래방을 가는 날에는 신나게 5절까지 부르곤 했다. 내가 이 노래를 좋아했던 이유는 매우 간단했기 때문이다. 복잡하게 외울 것 없이 한 소절만 알면 어떤 인물인지 알 수 있었다.

그리고 내가 역사에 관심이 많은 걸 아셨는지 나의 부모님은 전국 방방곡곡 유적지 간판이 달려 있다면 어디든 데리고 가서 직접 눈으로 보고 체험할 수 있게끔 도와주셨다. 아버지께서도 워낙 역사를 좋아하셨기 때문에 따로 가이드가 필요하지 않을 만큼 설명을 잘해 주셨다. 이러한 자연스러운 접근들이 역사에 대한 관심도가 더 높아지게 된 계기였다.

이 책은 역사에 대해 전혀 모르더라도 누구나 쉽게 접할 수 있으며, 어린 자녀를 둔 부모라면 아이들과 함께 유익한 시간을 보낼 수 있는 정보를 전달한다.

아이와 함께 주말 역사 탐방을 하기 좋은 지역을 전국 7개로 나누어 각 지역마다 대표되는 유적지 5곳을 선정했다. 볼거리가 있고, 사진으로 추억을 남길 수 있으며, 주차하기 쉽고, 교통이 편리해 접근성이 뛰어난 곳이다. 자가 승용차가 없다면 다소 제약이 있을 수 있지만, 최대한 대중교통을 이용해도 찾기 수월한 곳으로 정했다. 그리고 사랑하는 사람들과 함께 그곳에 방문했을 때 역사와 야사 그리고 전설과 신화 등을 알려 줄 수 있도록 그 지역만이 가진 이야기를 책 속에 녹이고자 노력했다. 선정된 장소들은 내가 직접 가 본 곳들로 정했고, 그곳을 보며 느낀 점들에 대해 적어 두었다. 대한민국 모든 부모님이 자녀들과 좋은 추억을 쌓길 바라는 마음을 이 책을 통해 전해 드리고 싶다.

2023년 겨울

이정균

BC.2333년 고조선 건국
BC.4세기 진국 성립
BC.3세기 부여 건국
BC.194년 위만조선 건국
BC.108년 위만조선 멸망
BC.57년 신라 건국
BC.37년 고구려 건국
BC.18년 백제 건국

한국사 연대표

172년 중국을 통일한 한나라 고구려를 침공
244년 위나라 관구검의 공격으로 멸망할 뻔했던 고구려
293년 북방 이민족 모용선비의 고구려 침공
371년 백제의 고구려 침공 → 고구려 고국원왕 전사
392년 고구려 광개토대왕의 복수 → 백제 진사왕 사망
414년 고구려 광개토대왕릉비 건립
433년 신라와 백제가 나제동맹 체결
475년 고구려의 백제 침공 → 백제는 수도를 웅진으로 천도
494년 고구려 부여를 정벌
502년 신라에서 우경 → 소를 이용한 농사를 시작
512년 신라의 이사부가 우산국을 병합 → 울릉도
538년 백제가 국명을 남부여로 개칭 → 사비성으로 천도
554년 신라가 나제동맹을 파기하고 백제를 침공 → 백제 성왕 전사
598년 제1차 수나라 VS 고구려 → 수나라 패배
612년 제2차 수나라 VS 고구려 → 을지문덕이 살수에서 수나라 격파
632년 신라 선덕여왕이 첨성대를 건립
642년 고구려 연개소문이 정변을 일으켜 정권을 장악
645년 당나라가 고구려를 침공 → 양만춘이 안시성에서 당 태종 격파
648년 신라와 당나라가 나당동맹을 체결
660년 백제 멸망
668년 고구려 멸망
676년 신라 VS 당나라 → 신라가 당나라를 몰아내고 한반도 남부 통일
698년 발해 건국

732년	발해가 당나라를 침공
751년	신라 불국사와 석굴암 건립
771년	신라 에밀레종 완성 → 성덕대왕신종
828년	신라 장보고 청해진 설치
889년	원종과 애노의 난
900년	후백제 건국
901년	후고구려 건국 → 마진, 태봉으로 개칭
918년	고려 건국
926년	발해 VS 거란 → 발해 멸망
927년	후백제 VS 신라 → 신라 경애왕 사망
935년	신라가 고려에 항복하며 멸망
936년	신라가 후백제를 병합 → 후삼국 통일
993년	제1차 고려 VS 거란 → 서희가 강동 6주를 얻어냄
1010년	제2차 고려 VS 거란
1018년	제3차 고려 VS 거란
1019년	강감찬의 귀주대첩
1044년	고려 천리장성 완공
1102년	우리나라 최초의 동전 해동통보 탄생
1104년	제1차 여진정벌 실패 → 별무반 설립
1107년	제2차 여진정벌 단행 → 총사령관 윤관
1126년	이자겸의 난
1135년	묘청의 서경 천도 운동
1145년	김부식이 《삼국사기》를 편찬
1170년	무신정권 수립
1196년	최충헌이 정권을 장악 → 최씨 무신정권 수립
1231년	제1차 고려 VS 몽골제국
1232년	제2차 고려 VS 몽골제국
1235년	제3차 고려 VS 몽골제국
1251년	팔만대장경 완성
1258년	쌍성총관부 설치
1270년	삼별초 항쟁
1274년	고려와 원나라 연합군의 일본 원정

1280년	정동행성 설치 → 일본 원정을 위한 기관
1285년	일연이 《삼국유사》를 편찬
1356년	정동행성 폐지 및 쌍성총관부 수복
1359년	홍건적이 고려를 침공
1362년	이성계 등이 홍건적을 격퇴
1363년	문익점이 목화를 들여옴
1366년	전민변정도감 설치 → 개혁 단행
1388년	이성계가 위화도 회군을 통해 정권 장악
1392년	조선 건국
1398년	제1차 왕자의 난
1400년	제2차 왕자의 난
1419년	이종무의 대마도 정벌
1443년	훈민정음 창제
1446년	훈민정음 반포
1453년	계유정난 → 단종 VS 수양대군
1485년	조선의 법전 경국대전 반포
1498년	무오사화 → 훈구파 VS 사림파
1504년	갑자사화 → 연산군의 어머니 폐비 윤씨 복위 문제
1506년	중종반정
1519년	기묘사화 → 조광조가 이끄는 신진 사림파 숙청
1521년	신사사화 → 신진 사림파의 대대적인 반격
1545년	을사사화 → 대윤 VS 소윤: 파평 윤씨 일가의 권력 다툼
1575년	사림파가 동인과 서인으로 갈라짐
1592년	임진왜란 발발 → 한산도 대첩과 진주성 전투
1593년	권율의 행주대첩
1597년	정유재란 → 이순신 명량해전
1598년	노량해전 → 이순신 전사
1608년	경기도 대동법 실시
1610년	허준이 《동의보감》을 찬진
1613년	계축옥사 → 대북파가 반대파 세력들을 숙청
1614년	《지봉유설》 완성 → 조선판 백과사전
1623년	인조반정

1624년	이괄의 난
1627년	정묘호란 → 조선 VS 후금
1636년	병자호란 → 조선 VS 청나라
1637년	삼전도의 굴욕
1659년	제1차 예송논쟁 → 상복을 어떻게 입을 것인가
1674년	제2차 예송논쟁 → 상복을 언제까지 입을 것인가
1680년	경신환국 → 남인을 숙청하고 서인을 중용
1689년	기사환국 → 서인을 숙청하고 남인을 중용
1694년	갑술환국 → 남인을 숙청하니 서인은 노론과 소론으로 나뉨
1712년	백두산에 백두산정계비를 건립
1721년	신축환국 → 노론에서 소론으로 정권 교체
1725년	을사환국 → 소론에서 노론으로 정권 교체(탕평책 실시)
1727년	정미환국 → 노론에서 소론으로 정권 교체
1762년	임오화변 → 사도세자가 뒤주에 갇혀 사망한 사건
1784년	이승훈의 천주교 전도
1786년	천주교 금지령을 발표
1791년	신해박해 → 제1차 천주교 박해 사건
1796년	수원 화성 완공
1801년	신유박해 → 제2차 천주교 박해 사건
1811년	홍경래의 난
1832년	영국 로드 암허스트호의 통상 요구
1839년	기해박해 → 제3차 천주교 박해 사건
1860년	최제우가 동학을 창도
1861년	김정호가 대동여지도를 간행
1862년	임술농민봉기 발발
1866년	제너럴 셔먼호 사건
1868년	오페르트 도굴 사건
1871년	신미양요 → 척화비 건립
1875년	운요호 사건
1882년	임오군란
1884년	갑신정변
1894년	동학농민운동

1895년   을미사변 → 명성황후 시해 사건
1896년   아관파천 → 고종이 러시아 공사관으로 피신한 사건
1897년   대한제국 수립
1905년   을사조약
1907년   고종 강제 퇴위 → 헤이그 특사
1909년   남한 대토벌 작전 전개 → 안중근 이토 히로부미 사살
1910년   경술국치
1919년   3·1운동
1920년   홍범도의 봉오동 전투 · 김좌진의 청산리 대첩
1921년   자유시 참변
1932년   이봉창 · 윤봉길 의거
1945년   제2차 세계대전 일본의 패망으로 광복
1948년   대한민국 정부 수립
1950년   6·25 한국 전쟁 발발
1953년   휴전 협정 조인

1948~1960년 제1공화국
1960~1963년 제2공화국
1963~1972년 제3공화국
1972~1981년 제4공화국
1981~1988년 제5공화국
1988 ~ 현재   제6공화국

목차

4 들어가며 아이들과 함께하는 주말 역사 나들이

10 한국사 연대표

1장 전라도

20 사랑과 믿음으로 지어진 백제 최고의 사찰 '미륵사지'

28 너 지금 나한테 염장 지르냐? '청해진'

36 조선의 시작과 끝이 공존하는 곳 '전주 한옥마을'

45 신에게는 아직 12척의 배가 있습니다
    '우수영국민관광지'

53 한반도 최초, 어쩌다 해외여행 '우이도'

62 음식이 식기 전에 알아보는 1분 식도락 역사: 전라도

2장 경상도

66 천년의 역사, 신라 서라벌의 불국정토 '불국사'

74 고려 태조 왕건을 지킨 8명의 충신 '팔공산'

80 대한민국의 웃음꽃은 모두 여기에 있다? '안동 하회마을'

87 가녀린 여인의 몸으로 왜장과 함께 투신하다 '진주성'

95 동족상잔의 비극, 6·25 한국전쟁의 모든 것
    '거제 포로수용소'

102 음식이 식기 전에 알아보는 1분 식도락 역사: 경상도

3장 충청도

106 17시간 만에 왕릉 발굴 작업 순삭?
'송산리 고분군(공주 무령왕릉과 왕릉원)'

112 평강공주와 바보 온달 이야기 '온달산성'

121 수위가 내려가야 모습을 드러낸다는 그곳 '도담삼봉'

127 왜군의 총탄에 쓰러져 간 조선 병사들의 처절한 전투 '탄금대'

134 대한독립을 외쳤던 우리 선조들의 모습 '독립기념관'

140 음식이 식기 전에 알아보는 1분 식도락 역사: 충청도

4장 강원도

144 강원도 관동팔경 중 가장 으뜸 '경포대'

150 조선 커리어 우먼 신사임당의 생가 '오죽헌'

157 계유정난의 시작, 단종의 유배지 '청령포'

165 대한민국의 유일한 공산당 건물 '철원 노동당사'

172 이 땅의 주인은 대체 누구인가? '백마고지'

179 음식이 식기 전에 알아보는 1분 식도락 역사: 강원도

5장 경기도

182 수라상에 고기가 없다면 먹지 않겠다! '영릉'

188 단종의 어머니 현덕왕후의 저주 '광릉'

196 해장국의 기원과 전복에 담긴 슬픈 이야기 '남한산성'

203 술 좋아하는 직장 상사가 국왕이라면? '수원화성'

211 한국식 자장면의 기원 '차이나타운'

218 음식이 식기 전에 알아보는 1분 식도락 역사: 경기도

6장 서울

222 유교의 다섯 가지 덕목, 인의예지신 '**사대문과 보신각**'

228 전하, 종묘사직을 지키시옵소서 '**종묘**'

234 가장 아름다운 궁궐, 유네스코 세계문화유산 '**창덕궁**'

241 일제강점기 가슴 아픈 우리들의 역사 '**서대문형무소**'

248 지친 우리의 일상을 시원하게 '**청계천**'

255 음식이 식기 전에 알아보는 1분 식도락 역사: 서울

7장 제주도

258 땅에서 솟아난 3명의 수호신 '**삼성혈**'

264 병든 어머니가 마시고 나았다는 신비의 물 '**백록담**'

271 돌아가신 어머니가 그리워 바위가 된 사내 '**차귀도장군바위**'

277 제주도를 만든 설문대할망 이야기 '**제주 돌문화공원**'

284 사람을 잡아먹고 저주를 내린 뱀이 있다? '**김녕사굴**'

291 음식이 식기 전에 알아보는 1분 식도락 역사: 제주도

293 참고 자료

1장

전라도

사랑과 믿음으로 지어진
백제 최고의 사찰 '미륵사지'

미륵사지

위치
전북 익산시 금마면 기양리 32-7

운영시간
24시간 운영(연중무휴)

입장료
무료

국립익산박물관

위치
전북 익산시 금마면 기양리 104-1

운영시간
매일 09:00~18:00/ 매주 월요일 정기휴무, 1월 1일, 설날, 추석 당일 휴무

입장료
무료

미륵사가 세워지게 된 설화에는 백제의 무왕(서동)과 신라의 선화공주가 얽혀 있다. 이들 이야기와 관련하여 방영했던 드라마 〈서동요〉의 시대적 배경은 삼국 시대로, 복장에 대한 고증도 나름대로 신경을 많이 쓴 작품이다. 이를 바탕으로 드라마 역시 성공적으로 종영되었다.

원래 〈서동요〉란 제목은 《삼국유사》에 기록된 신라 향가를 의미한다. 민간에서 전승된 서동 설화에 등장하는 노래로, 여기서 말하는 향가란 신라 시대부터 고려 시대 중반까지 창작된 문학 작품들을 뜻한다. 하지만 전해지는 작품이 워낙 적은 데다, 고유어를 한자로 표기했기 때문에 해독이 어렵다.

일반적으로 운문과 산문은 모두 붙여 쓰는 게 원칙이나 향가는 띄어쓰기한 것처럼 분절된 형태로 기록되어 있다. 그래서 학자들은 향가를 해독하기 위해 4구체, 8구체, 10구체로 다시 구분을 지었는데, 4구체는 민요 계통의 노래로서 노랫말이 단순하고 시어와 시구의 반복을 통해 리듬감을 형성한다. 전해지는 이름이 없거나 상상 속의 인물을 주인공 삼는데, 대표적인 작품이 바로 〈서동요〉, 〈풍요〉, 〈도솔가〉 등이다.

8구체의 경우에는 〈모죽지랑가〉와 〈처용가〉 등이 있으며, 10구체는 〈사뇌가〉라고 불린다. 이는 서론·본론·결론의 구조로 앞부분은 감탄사가 들어가며 매우 서정적이다. 승려나 화랑 출신이 주로 지었으며 대부분 작가의 개성이 드러난 작품이 많다. 대표적으로 〈원왕생가〉, 〈제마맹가〉, 〈찬기파랑가〉, 〈안민가〉 등이 있다.

서동 설화에 등장하는 〈서동요〉의 이야기는 《삼국유사》에 자세히 나와 있다. 《삼국유사》 권 제2 기이 무왕편의 기록에는 "선화공주는 남몰래 사귀어 두고, 서동을 밤에 몰래 안고 간다."라고 적혀 있다. 언뜻 보아서는 쉽게 이해하기 힘들지만 무언가를 비밀스럽게 하고 있다는 표현으로 해석할 수 있다. 그렇다면 선화공주는 누구고, 서동은 누굴까?

서동의 어머니는 일찍 남편을 여의어 과부가 되었다. 그녀는 백제 부여 남쪽 근방에 있는 못 근처에 집을 짓고 살고 있었는데, 어느 날 못에서 용이 나타났고 어머니는 용과 잠자리를 한 후 서동을 낳았다. 그러나 산에서 마를 캐어 팔며 생업을 이어나가야 했을 만큼 매우 가난했다.

한편 신라 26대 진평왕에게는 눈에 넣어도 아프지 않을 어여쁜 공주들이 있었다. 그중에서 셋째 공주 선화의 외모가 가장 뛰어나 선화공주가 아름답다는 소문은 이웃 나라 백제에도 전해졌다. 이 소식은 산에서 마를 캐던 서동에게도 전해졌는데, 그는 문득 셋째 공주가 어떻게 생겼을까 궁금했다. 그리하여 공주를 만나고 싶은 마음에 곧장 머리를 깎고 서라벌로 향했다. 서라벌에 도착한 서동은 한 가지 꾀를 냈다. 평범한 농부 따위를 공주가 만나 줄 리 없으니 공주를 궐 밖으로 나오게 만드는 방법이었다. 이에 서라벌에 사는 아이들에게 마를 주며 노래를 지어 부르게 했는데, 이때 그가 아이들에게 가르쳐 준 노래가 바로 서동요였다.

낯 뜨거운 의미를 담고 있는 서동요가 도성 안에 퍼지자 신하들은 공주의 행실을 문제 삼았다. 그리고 진평왕에게 달려가 신라 왕실의 품위를 훼손했으니 선화공주를 귀양 보내야 한다고 주장했다. 선화공주는 억울할 법도 했으나 아버지 진평왕에게 별다른 항변조차 없었다. 진평왕은 차마 소중한 딸을 귀양 보낼 수 없었기에 공주를 평민으로 격하시켜 궁궐 밖에 나가 살게 하는 것으로 소동을 마무리했다.

서동은 공주의 행렬이 궁에서 나오자 작전이 성공했다고 판단했다. 그러고는 행렬 앞으로 다가가 자신이 선화공주의 시종이 되어 직접 모시겠다고 하니, 서동을 생전 처음 본 선화공주는 어안이 벙벙했다. 이내 서동에게 지금까지 있었던 사연을 들은 선화공주는 그가 자신을 궁궐에서 나오게 만든 장본인임을 알았다. 화가 날 만도

했으나 선화공주는 웃으며 그 길로 서동을 따라나섰다.

두 사람이 백제 국경을 지나 서동의 집에 이르렀을 때쯤 선화공주는 어머니가 준 황금을 꺼냈다. 서동은 처음 본 황금이 너무 신기해 무엇인지 물었고, 선화공주는 100년의 부를 누릴만한 물건이라고 알려 주었다. 이때 서동이 웃으며 말하길 어릴 때부터 자신이 캐던 마와 똑같이 생겼다며, 이런 물건은 집에 산더미처럼 쌓여있다고 자랑하는 것이었다. 서동의 이야기를 들은 선화공주가 매우 놀라며, 이 물건은 천하가 탐낼만한 보물이니 그 황금을 신라로 보내자고 했다. 선화공주의 의견에 동의한 서동이 황금을 신라로 보내고자 언덕에 쌓아 두었으나 보낼 방법이 없었다.

이때 신통한 법력을 부릴 줄 안다는 용화산 사자사의 지명 법사에게 황금을 실어 보낼 방법을 물었다. 법사는 자신의 힘으로 신라에 황금을 보낼 테니 사자사로 가지고 오라 했고, 다음날 서동과 선화공주는 부모님에게 보낼 편지와 함께 황금을 사자사 앞에 가져다 놓았다. 이윽고 지명 법사가 신묘한 힘을 발휘해 하룻밤 만에 모든 황금을 신라로 보냈는데, 신라 진평왕은 눈앞에 황금이 산처럼 쌓여있는 걸 보자 당황했다. 그러나 선화공주의 편지와 서동의 일화를 통해 어떻게 황금이 신라로 오게 되었는지 알게 되었고, 이내 안심할 수 있었다.

백제와 신라는 서동과 선화공주의 노력으로 화합했다. 그리고 부부가 백성들에게 크게 인심을 얻어 왕위에 오르게 되었으니 이가 바로 백제 30대 무왕이었다. 곧바로 왕위에 오른 무왕 부부는 지명 법사에게 감사의 의미를 전달하고자 사자사로 출발했다. 그런데 무왕 부부가 용화산 밑의 큰 못가에 이르렀을 때쯤 갑자기 못 가운데서 미륵삼존이 나타났다. 부부는 미륵삼존을 보자 수레를 멈추고는 곧장 절을 올렸다. 왕비는 미륵삼존이 못에 나타난 것은 큰 축복이니 이곳 못에 큰 사찰을 짓는 게 어떤지 무왕에게 물었다. 무왕 또한 미륵삼존이 나타난 것을 축복이라 여겨 흔쾌히 왕비의 청을 허락하였다.

문제는 못이 너무 커서 사찰을 짓기 어려웠다는 것이다. 그래서 부부는 이번에도 사자사 지명 법사에게 용화산 아래에 있는 못을 메울 방법을 물었고, 지명 법사는 별일 아니라는 듯이 하루만 시간을 달라고 했다. 그리고 하룻밤 사이에 못 근처에 있는 산을 무너뜨리고, 못을 메우고는 평지를 만들었는데, 이때 신라 진평왕도 인부를 보내 도움을 주었다. 마침내 용화산 아래에는 거대한 절이 세워지게 되었고, 무왕은 이곳을 미륵사라 불렀다.

이게 바로 서동 설화에 등장하는 서동요와 무왕의

탄생 설화다. 더 넓게 보면 미륵사가 탄생하고, 미륵사지 석탑이 세워진 설화라고 이해해도 좋다. 다만 서동 설화와 서동요가 정말 실제인지, 서동이라는 사내가 무왕인지는 정확하게 밝혀진 것은 없으며 선화공주 역시 정말 실존 인물인지에 대해서는 아직 연구 중인 상태다. 그런데 2009년 미륵사지 서쪽에 있는 석탑을 해체하던 중 중요한 유물이 발견됐다.

'금제사리봉영기'라 불리는 이 유물은 금판에 음각하여 붉은 칠로 글씨를 새겼는데, 그곳에 적힌 기록을 해독하니 바로 미륵사 창건에 관한 기록이었다. 역사학자들은 무왕이 미륵사를 세운 게 맞는지 의문을 가졌으나 기해년 639년에 창건됐다는 기록을 증거로 무왕이 미륵사를 세웠다는 것이 입증되었다. 그러나 "미륵사를 중건한 왕비는 백제 토착 귀족인 사택 씨의 딸"이라고 기록되어 있으며, 만약 이 기록이 사실이라면 선화공주와 무왕은 전혀 관계가 없는 인물이 된다.

고대사와 관련된 기록은 《삼국사기》와 《삼국유사》가 유일해 대부분 연구는 두 기록에 의존할 수밖에 없는 실정이었고, 과거에는 선화공주의 삼국유사 이야기가 신빙성 있는 내용이라고 판단했다. 하지만 금제사리봉영기의 기록이 발견되면서 이전과는 상반된 다른 기록이 나오자 선화공주가 실존했는지 의문을 갖게 된 것이다. 물론 이 기록만으로 두 사람의 사랑 이야기가 무조건 거짓이라고 보기에는 무리가 있으니 자세한 내용은 역사학자들에게 맡겨 두자.

익산 미륵사지를 방문하면 엄청나게 넓은 사찰 터를 관람할 수 있다. 그 가운데 석탑 2개가 덩그러니 놓여있는데 과거 일제강점기 시절, 일제가 시멘트로 보수한 석탑이 이 2개의 석탑이다. 당시 조선 시대로 넘어와 수백 년의 시간이 지나도록 전혀 관리가 되지 않았고, 많이 훼손된 상태였다. 그래서 일제가 임시방편으로 무너진 부분을 시멘트로 덧대 보수공사를 했던 것이었으나 이를 두고 일제의 만행이라고 잘못 알고 있는 경우도 많으니 적절히 참고하여 구분하는 것이 좋겠다.

익산 미륵사지는 현재 터만 남아있어 허허벌판인 상태고, 볼거리가 적은 탓에 방문자가 많지는 않다. 하지만 터의 입구 쪽에 국립익산박물관이 있으며, 박물관에서 백제와 미륵사지의 유물들을 함께 관람할 수 있다. 아이들과 근처를 구경하면서 유적지에 얽힌 설화를 이야기해 준다면 뜻깊은 시간이 될 것이다. 백제의 숨결이 궁금하다면 방문해 보는 건 어떨까?

너 지금 나한테 염장 지르냐?
'청해진'

위치
전남 완도군 완도읍 장좌리 787

운영시간
24시간 운영(연중무휴)

입장료
무료

"너 나한테 염장 지르냐?"

시험 성적이 나빠 우울한데 좋은 성적을 받은 친구
가 자신의 점수를 자랑한다면 염장 지르냐는 말이 튀어
나올 것이다. 그런데 정작 염장이 무슨 뜻인지 모르면서
말하는 경우가 꽤 있다. 염장의 어원은 제각각이라 정설
은 없다. 보통 소금과 간장을 의미하는 한자식 표현 염장
과 뿌린다는 뜻을 가진 '지르다'가 합쳐져 '소금이나 간장
을 뿌리는 행위'를 염장이라 한다.

또 과거 죄인을 심문하면서 상처 등에 소금을 뿌림
으로써 아픈 곳을 더 아프게 하는 방법을 염장이라 표현
한다. 그 밖에 염통, 즉 심장(염)과 내장(장)을 의미하는 한
자가 합성돼 심장을 찌르는 행위가 '염장 지르다'로 불리
기도 한다. 여기 '염장 지르다'의 어원이 되는 재밌는 이
야기가 있어 소개하고자 한다. 이 이야기에는 청해진을
지키던 장보고가 얽혀 있다.

장보고의 출생연도는 전해지는 기록이 없어 대략
780년대 후반으로 추정하고 있다. 그는 기골이 장대하고
활과 창을 잘 다루었으며 물질에도 익숙해 수영을 잘했
다고 한다. 그러나 신라는 골품제라 불리는 철저한 신분
제 계급사회였기에 장보고가 출중한 능력을 선보였더라

도 관직에 쉽게 나아갈 수는 없었다. 그래서 이러한 시대적 배경 때문에 젊은 청년이었던 장보고는 친구 정년과 함께 당나라로 건너가 신라방에 정착하게 된다.

당시 중국 동해안 지역은 양국을 오가며 무역을 하는 많은 신라인이 거주하고 있었고, 이들이 모여 있는 곳은 신라방이라 불렸다. 신라방 사람들은 중국 내륙에서 아라비아·페르시아 상인과 교역하는 한편 바다 건너에 있는 일본과 왕래를 했다. 그래서 장보고 또한 신라방에 거주하는 동안 수많은 무역 상인들과 함께하면서 자연스럽게 상업과 무역에도 관심을 가졌다고 한다.

훗날 당나라 군대에 입대한 장보고는 그곳에서 능력을 인정받아 서주 무령군, 즉 오늘날의 강소성 금산현을 담당하는 부대의 소장이 되었고, 얼마 뒤 반란을 일으킨 절도사 이사도를 진압하기 위해 토벌대 선봉장을 맡기도 했다. 이처럼 당나라 안에서 자신의 입지를 다져나가던 장보고는 때마침 신라방 사람들이 해적에게 붙잡혀 노비로 팔려 간다는 소식을 접하게 되었다. 장보고는 자신이 정착할 수 있게 많은 도움을 주었던 신라방 사람들이 어려운 처지에 놓였다는 것이 너무 가슴이 아파 이를 해결하고자 했다. 그리하여 그는 당나라에서의 생활을 정리하고 곧장 신라로 귀국해 왕을 만나게 된다.

장보고는 신라 42대 흥덕왕을 만나 신라방 사람들이 안전하게 무역할 수 있도록 자신에게 군사를 내어 달라 요청했다. 흥덕왕 또한 해적을 소탕하겠다는 장보고가 대견했는지 그에게 곧장 군사 1만을 내어 주었고, 장보고는 군사를 이끌고 도성을 나와 지금의 완도 좌장리 장도에 도착했다. 그리고 장도에 진을 설치하고는 바다를 깨끗이 하겠다는 의미로 청해진이라 이름을 붙였으며, 곧바로 바다를 안전하게 확보하기 위해 해적 소탕에 돌입했다. 이윽고 장보고의 무시무시한 활약 덕분에 남해 앞바다에서 활약하던 해적들은 대부분 소탕됐고, 바다를 장악한 장보고는 청해진 인근을 무역 거점으로 삼았다.

그리하여 당나라·신라·일본을 잇는 바닷길은 청해진을 거치지 않고는 지날 수 없는 일종의 독과점 형태가 되었다. 장보고는 당나라 산둥반도에 법화원을 세우곤 자신의 심복 장영을 보내 그곳까지 관리하기에 이르렀다. 이후 동아시아에서 장보고의 위상은 국왕과 맞먹을 정도로 크게 드높아졌으며, 이러한 기록들은 헤이안 시대 일본 승려 엔닌이 지은《입당구법순례행기》에 자세히 기록되어 있다.

장보고는 신라 상인들을 활용해 매우 조직적으로 움직였다. 장보고의 세력은 단연 거대해질 수밖에 없었고,

무역을 통해 확보된 재정적 능력은 강한 군대와 엄청난
부를 축적할 수 있게 도와주었다. 장보고의 막강한 권력
은 신라 중앙정부의 왕위 계승 다툼에도 관여할 수 있을
만큼 성장했으나 장보고가 세운 청해진의 영광도 오래가
지는 못했다. 이 비극적인 결말은 836년 신라 왕위 계승
에서 패배한 김우징이 청해진으로 피난을 오면서 시작되
었다.

　　신라 왕족들은 42대 흥덕왕이 후사 없이 승하하자
저마다 자신이 왕이 되겠다며 앞으로 나서기 시작했다.
몇 번의 왕위쟁탈전 끝에 김우징이 장보고의 지원에 힘
입어 왕위에 오를 수 있었으니 이가 바로 45대 신무왕이
었다. 하지만 신무왕 역시 등극한 지 1년이 채 되기도 전
에 승하하자 장보고가 직접 나서서 신무왕의 아들을 왕
으로 옹립하니 그가 바로 46대 문성왕이었다.

　　애당초 신무왕과 장보고 사이에는 모종의 거래가 있
었다. 장보고는 자신의 딸과 혼인하는 조건으로 신무왕을
지원했던 것이고, 둘을 혼인시킴으로써 권력을 더욱 공고
히 하고자 했다. 그래서 군대를 내어 주고 신무왕을 왕위
에 올리는 데 큰 역할을 했으나 신무왕은 등극 후 곧바로
승하했다. 이에 장보고는 아버지 신무왕과의 약조를 들
먹이며 아들 문성왕이라도 대신 지켜 주기를 희망했으나

장보고의 힘이 지나치게 커질 것을 우려한 일부 귀족들이 거세게 반발했다. 문성왕 역시 귀족들의 반대가 워낙 크다 보니 아무리 장보고 덕분에 왕이 되었다고 한들 강경하게 밀어붙일 수는 없었다.

약속을 지키지 않는 것에 화가 난 장보고가 군사를 일으키려는 조짐을 보였고, 신라 조정은 이 사실을 알아채곤 사전에 막고자 했다. 그리고 신무왕을 옹립하는 데에 동참했던 염장을 통해 장보고를 암살하고자 했다. 이윽고 청해진에 도착해 장보고를 만난 염장이 자신을 거사에 끼워 주길 희망하자 장보고는 연회를 열어 염장의 투항을 축하했다. 시간이 얼마쯤 흘렀을까. 장보고가 술에 취해 잠든 사이 염장은 자고 있던 그의 목을 베어버렸다. 바다의 왕이라 불렸던 장보고가 허망하게 생을 마감한 순간이었다.

청해진이 세워진 완도 장좌리 장도에는 장보고 당제 유래 전설이 있다. 당제란 정월 대보름날 마을공동체의 안녕과 풍요를 기원하며 당산신을 모시는 일종의 의례이다. 당산신이란 마을 외부로부터 오는 재액을 막아 주며 마을에 풍요를 보장해 주는 신으로서 장보고는 완도 사람들에게 번영과 풍요를 가져다주는 수호신과 같은 존재였다. 이 당제의 기원이 되는 전설이 까투리 섬의 이야기다.

　옛날 옛적에 장인어른 장장군과 그의 사위였던 엄장군이 살고 있었다. 두 장군은 도술에 상당히 능했는데, 이들은 무료함을 달래기 위해 가끔 내기도 하며 그곳에서의 삶을 즐겼다. 그러던 어느 날 일출에 맞춰 장장군은 까투리, 엄장군은 매로 변신해서 장도 동쪽에 있는 까투리 섬에 누가 먼저 깃발을 꽂을지 내기를 했다. 그리고 두 장군은 동이 틀 무렵 앞서거니 뒤서거니 하면서 까투리 섬으로 날아가기 시작했는데, 까투리였던 장장군이 조금씩 앞서자 매로 변신해 있던 엄장군은 순식간에 장장군을 잡아먹어 버렸다고 한다. 그래서 현재 완도 고금면 상정리에 있는 섬을 까투리 섬이라고 부르고 있다.

　예부터 까투리 섬 인근은 해조류가 많이 나는 지역으로 마을 사람들이 다 함께 모여 미역을 채취하는 곳인데, 까투리 전설 때문에 장인과 사위가 동행하면 운이 나쁘다 하여 피하기도 한다.

　매년 5월 31일은 바다의 날이다. 해양수산부 주관으로 바다와 관련된 산업의 중요성과 의의를 높여, 국민의 해양사상 고취와 함께 관계 종사자들의 노고를 위로

하는 목적으로 제정됐다. 그래서 전라남도 완도에서는 매년 5월이 되면 바다의 날을 기념하여 장보고 수산물축제를 개최하고 있는데, 장보고를 위한 고유제를 비롯해 전통 노 젓기 대회, 장보고 상단행진 등 다양한 볼거리를 제공한다. 그 밖에 관람객의 적극적인 참여를 유도하는 행사들도 있으며 완도 전통 재래 김 뜨기, 맨손으로 고기 잡기 체험 등 여러 행사를 진행하고 있다. 아이들과 함께 참여한 부모 역시 만족감이 매우 높은 행사인 만큼 5월 축제 기간에 맞춰 방문해 보는 것도 좋다. 포근한 햇살과 함께 선선한 바닷바람에 절로 미소가 지어지는 5월이 기다려질 것이다.

조선의 시작과 끝이 공존하는 곳 '전주 한옥마을'

위치
전북 전주시 완산구 기린대로 99

운영시간
24시간 운영(연중무휴)

입장료
무료

전주를 떠올리면 무엇이 가장 먼저 생각나는가? 대부분 전주비빔밥을 떠올릴 것이다. 그래서 전주에 사는 후배에게 정말 비빔밥이 유명한지 물어봤다. 물론 후배는 비빔밥이 왜 그렇게 유명해졌는지 모르겠다며 손사래를 쳤다. 더불어 비빔밥은 안에 들어가는 재료가 많아 가격이 비싼 편이고, 가성비를 따지면 추천하고 싶지 않다고 했다. 오히려 전주 사람들은 콩나물국밥을 더 좋아한다고 했는데, 비빔밥은 손님을 대접하고자 고급음식점을 갈 때가 아니면 거의 먹지 않는다고 한다.

양푼에 남는 반찬을 넣어 만들어 먹던 비빔밥이 대중화를 넘어서서 고급화된 것이다. 우리가 먹어본 비빔밥 중 최고봉은 밥하기 귀찮을 때 만든 비빔밥이 아닐까? 양푼에 밥 한 공기를 넣고, 고추장과 참기름을 넣어 나물과 함께 비벼 먹는 그 따끈따끈한 한 끼 식사. 그 음식이 바로 최고의 비빔밥이라 할 수 있다.

그렇다면 비빔밥을 제외한 전주의 랜드마크는 무엇이 있을까? 바로 전주시 완산구에 있는 전주 한옥마을이다. 도심 중심부에서는 다소 벗어난 지역이지만, 20·30세대를 비롯해 많은 외국 관광객이 이곳을 찾는다. 전주 한옥마을은 문화체육관광부와 한국관광공사가 선정하는 한국 관광 100선에 등장하는 곳으로, 이전에는 주변에 마땅한 주차장이 없어 노상에 주차하는 경우가 대부분이었다. 다행히 여러 보수 공사를 거쳐 현재는 전주 한옥마을 초입 부근에 별도의 주차장이 마련되었고, 방문하기 다소 수월해졌다.

예부터 전주 한옥마을은 대부분 일반 시민들이 거주하는 주거지로 그곳에 거주하는 할아버지들께서 마을 앞 싸전다리 밑에 모여 장기를 두기도 하셨다. 다만 개발이 덜 된 상태라 지금처럼 깔끔한 모습은 아니었다고 한다. 판자촌까지는 아니었으나 전주시 안에서도 다소 허름한 지역이었는데, 2010년대에 이르러서야 전주시는 한옥마을을 관광지로 개발하기 시작했다. 그리고 정비를 마친 전주 한옥마을은 이후 SNS를 통해 점점 알려지기 시작했고, 국내에서는 보기 힘든 한옥마을이라는 점에서 관심을 끌었다. 고즈넉한 분위기가 주는 옛 향수에 사람들이 점점 이끌렸던 것은 두말하면 잔소리다.

하지만 대한민국 관광지의 가장 큰 문제점인 젠트리피케이션이 전주 한옥마을에도 발생했다. 이곳이 유명해지자 관광객들이 점차 늘어났고, 프랜차이즈가 들어서면서 특색 없는 매장들이 생겨나기 시작했다. 결국에는 임대료가 비싸지니 기존에 장사하던 공방이나 카페들은 쫓겨나게 됐다. 대표적인 젠트리피케이션 사례였던 신사동

가로수길과 이태원 경리단길처럼 전주 한옥마을도 예전의 그 멋이 점점 사라지고 있다.

전주 한옥마을을 가로지르고 있는 도로는 태종로라 불린다. 태종로는 전주성의 남쪽 성벽이 있던 곳으로 현재까지 전해지는 전주성의 흔적은 전주 한옥마을 끄트머리에 자리한 풍남문이 유일하다. 풍남문은 당시 전주성의 규모가 어느 정도였는지 가늠해 볼 수 있는 중요한 유산으로, 이곳 전주성에는 조선을 건국한 태조 이성계의 어진이 보관된 어용전이 있었다. 1410년 3대 태종은 전주와 서울, 평양 등 여러 도시에 태조의 어진을 모시는 어용전을 세웠고, 4대 세종은 전주에 있는 어용전의 이름을 '경기전'이라고 바꾸었다.

태조 이성계는 위화도 회군을 통해 고려를 무너뜨리고 조선을 건국했다. 고려는 요동 정벌을 통해 기상을 드높이고자 했으나 이성계로 인해 좌절됐다. 이성계는 4가지 불가론을 들어 대국인 명나라와 싸우는 건 옳지 못한 방법이라 반대하며 새로운 국가를 건국하고자 했다. 하지만 정몽주를 비롯한 일부 신하들은 새로운 국가의 건설보다 점진적인 개혁을 추구했는데, 이성계만이 고려를 급진적인 방식으로 개혁하고자 했다. 미래가 없는 고려를

위해 개혁을 추진하는 것보다 새로운 국가를 건설하는
게 더 빠른 길이라고 생각했다.

조선 건국 후에도 이성계의 아들들은 서로 왕위에
오르기 위해 다퉜다. 무엇보다 5남 이방원의 주도로 골
육상쟁의 비극이 일어났는데, 바로 제1차 왕자의 난과 제
2차 왕자의 난이었다. 이성계는 1398년 제1차 왕자의 난
으로 이방번과 이방석, 정도전을 잃자 크게 상심하여 차
남 이방과에게 양위했다. 그리고 이성계는 자신의 근거지
였던 함흥으로 되돌아가 그곳에 은거하기에 이른다.

1400년에 또다시 제2차 왕자의 난이 일어나며 4남
이방간·5남 이방원이 왕위를 놓고 다투었다. 마침내 이방
원이 왕위에 오르면서 조선의 3대 태종이 된다. 이성계는
자신의 형과 동생을 도륙하고 왕위에 앉은 아들 이방원
을 용서할 수 없었다. 태종은 계속 사람을 보내 함흥에 있
는 아버지 이성계를 모셔 오고자 했으나 차사들이 함흥
에 들어갈 때마다 죽어버려 소식이 없었다. 그래서 이때
의 일을 두고 '함흥차사'라는 말이 생겨났다.

그러나 함흥차사는 실제로 일어나지 않은 야사로 전
해지는 이야기다. 사람들은 왕위를 빼앗은 아들과 그런
아들에게 실망한 아버지의 모습을 상상하면서 함흥차사
라는 이야기를 만들어 냈다. 《조선왕조실록》에는 차사들

이 함흥에 간 것은 사실이지만, 죽은 사람은 없었던 것으로 기록하고 있다. 1996년 방영된 KBS 대하드라마 〈용의 눈물〉에는 함흥차사 이야기가 자세히 나오는데, 자신을 데리러 온 차사들을 죽이거나 아들 태종에게 활을 쏘며 철퇴를 꺼내는 이성계의 분노가 여실히 드러나 있다.

전주 한옥마을의 경기전 앞에는 전동성당이 세워져 있는데, 태종로를 사이에 두고 나란히 마주하고 있다. 이곳은 1791년 신해박해 당시 천주교 신자였던 윤지충 바오로, 권상연 야고보가 순교했던 곳이다. 특히 다산 정약용의 외사촌이었던 윤지충은 중국 유학까지 다녀올 정도로 부유한 양반 가문 출신이었다. 유학을 갔다가 천주교의 교리에 깊은 감명을 받아 성사를 받은 뒤 조선으로 귀국했고, 충청북도 진산에 있는 고향 집으로 내려와 어머니를 모시고 살았다. 그러나 문제는 어머니가 돌아가신 뒤 벌어졌다.

당시 천주교는 17세기를 전후해 서학이라는 이름으로 조선에 들어왔다. 그러나 단순히 책으로만 전해졌기 때문에 글자를 모르는 백성들은 서학의 존재를 제대로 알지 못했다. 오히려 서학을 접했던 양반 가문들을 중심으로 성리학을 기반으로 한 전통 사회의 부패와 모순을 부정하는 움직임이 생겨났다. 뿌리 깊게 박힌 성리학의 가르침을 따르자면 윤지충 또한 당연히 돌아가신 어머니를 위해 제사를 지내야만 했다.

하지만 천주교 신자였던 윤지충은 어머니의 유품을 모두 불태웠고, 조상을 모시던 위패까지 없애면서 천주교 방식대로 장례를 치렀다. 당연히 이 소식은 가문의 어르신들께도 전해졌고, 윤지충을 배은망덕한 인물이라며 비난했다. 이때 윤지충의 사촌이던 권상연이 나서서 윤지충을 옹호했다. 하지만 이 엄청난 사건은 당시 인식으로는 일개 개인의 집안일로 치부하고 넘어갈 문제가 아니었다. 당연히 지역 사회는 발칵 뒤집어졌다.

진산군수 신사원이 윤지충과 권상연을 체포하여 어머니를 위해 제사를 치르도록 명했으나, 이는 자신들의 신념과 반대되는 행동이었기에 두 사람 모두 제사 지내는 것을 거부했다. 결국 중죄인이 되어 전주로 이송된 2명은 그곳에서 혹독한 고문을 받았으며, 천주교를 포기할 것을 강요받게 된다. 결국 이 사건은 22대 국왕 정조에게까지 보고되었고, 내용을 전해 들은 정조와 대소신료들은 모두 탄식했다.

당초 조정에서는 중국에서 처음 서학이 수입되자 새 시대에 맞추어 새롭게 수입된 학문 정도로만 인식했다.

정조 또한 새로운 학문을 배운다는 것은 유학자가 지녀야 할 올바른 자세라고 생각했기 때문에 서학에 대해서도 비교적 관대한 입장이었다. 하지만 제사를 거부한다는 것은 조선의 근간이 흔들리는 문제와도 연관 지을 수 있던 터라 이를 가만히 두고 볼 수 없었다. 대소신료들 또한 엄히 다스려야 한다며 간언하기 시작했다.

마침내 윤지충과 권상연을 비롯한 많은 천주교 신자들이 고문을 당했고, 천주교를 버린다면 목숨은 부지할 수 있었다. 그러나 자신의 믿음을 굽히지 않았던 천주교 신자들이 계속해서 거부하자 이들은 결국 지금의 전주 한옥마을 안에 있는 전동성당 자리에서 모두 처형되었다. 이것이 바로 천주교 탄압 사건의 시작인 '신해박해' 이야기다.

신해박해는 조선이 건국되고 정확히 400년 만에 일어났다. 조선을 건국한 태조 이성계는 부패한 고려를 개혁하기보다 새롭게 나라를 건국하는 것만이 제대로 된 개혁이라고 생각했다. 하지만 400년 뒤 조선은 고려가 망하기 직전의 모습과 크게 다르지 않았고, 옛것을 익히고 그것을 미루어 새로운 걸 배운다는 온고지신의 뜻은 어디에서도 찾아볼 수 없었다.

물론 지금 현대를 살아가는 우리와는 전혀 다른 세

상이었기 때문에 어느 한쪽의 시선만으로 과거를 재단하
는 건 금물이다. 그러나 이성계가 세우고자 했던 1392년
의 조선과 정조가 바로잡고자 했던 1791년의 조선은 대
체 어떤 부분이 달라진 것일까? 한 번 깊게 생각해 볼 만
한 부분이다.

신에게는 아직
12척의 배가 있습니다
'우수영국민관광지'

위치
전남 해남군 문내면 학동리 1021

운영시간
매일 09:00~17:30

입장료
무료

2009년 광화문광장이 완공되기 전에는 왕복 10차선의 도로가 있었고, 도로 한가운데에는 이순신장군 동상이 우뚝 서 있었다. 2002년 한일월드컵이 열리자 시민들은 광화문 거리로 나와 길거리 응원을 했는데, 당시 대한민국 대표팀은 월드컵 16강 진출이 최대의 목표이자 과제였다. 그러나 모두의 예상을 깨고 4강까지 올라가는 기염을 토해내면서 당시 광화문에서 길거리 응원하던 사람들은 이순신장군의 기운 덕분에 4강에 진출했다는 농담을 했었다.

2000년대를 전후해 해병대를 복무한 장병들은 항상 이순신 동상 앞에 모여서 전역 신고를 했는데, 지금은 광장이 있어서 접근하기 수월했으나 광장이 만들어지기 전에는 무단횡단을 해야만 했다. 야밤이 되면 거나하게 술 한 잔 걸친 장병들이 우르르 몰려가 동상 앞에 모였고, 모두 약속이라도 한 듯 필승을 외쳤다. 그래서 당시 신문 1면 대부분은 이곳에 모여 필승을 외치다가 교통사고를 당한 해병대원들의 소식이었다.

이순신장군은 대한민국 국민이라면 누구나 존경하고, 좋아하는 인물로서 호국영웅이라 불릴만한 위인이다. 쓰러지고 넘어져도 다시 일어나 앞으로 나아가는 그의 모습에서 우리도 할 수 있다는 희망을 얻었다. 그러나 이순신장군도 누군가의 아들이자 아버지였으며, 1597년에 사랑하는 어머니와 셋째 아들 이면을 전쟁으로 잃고 말았다.

이순신은 1592년 벌어진 임진왜란에서 위기에 빠진 조선을 구하며 영웅이 되었으나 14대 국왕 선조와의 불화로 파직을 당하는 수모를 겪었다. 그리고 1597년 정유재란이 발발하자 이순신의 뒤를 이어 원균이 삼도수군통제사로서 조선 수군을 통솔하기 시작했는데, 결과는 예상밖이었다. 임진왜란의 실패를 바탕으로 준비를 단단히 하고 나온 왜군들에게 처참히 무너지며 궤멸 상태에 이르게 된 것이었다.

전쟁이 일어난다면 가장 중요한 것은 보급이다. 100만 대군이 있다고 한들 먹을 게 없어 싸우지 못한다면 병력의 많고 적음은 의미가 없어진다. 무엇보다 지금처럼 교통이 원활하지 못했던 과거를 생각하면 말이나 소를 이용해 보급하는 것도 한계가 있다. 그래서 배에 실어서 보급하는 쪽이 한 번에 더 많은 양을 수송할 수 있었기 때문에 왜군들은 바다를 통해 한양까지 보급하고자 했다. 그러나 이러한 왜군들의 계획은 이순신의 철벽 수비에 막혀 성공하지 못했다. 그래서 왜군들은 정유재란을 준비하면서 곡창지대였던 전라도를 점령해 그곳에서 식량을 조달하려 했다. 동래성에 상륙한 왜군들이 전처럼 북상하는 것이 아닌 전라도로 나아가는 길목인 진주성을 먼저 공격한 것도 이 때문이었다. 조정은 사태가 심각하게 돌아가자 이순신의 복직을 검토하기 시작했다.

한편 임진왜란 당시 이순신은 전라좌수영이 있는 여수에서 복무하며 어머니 변씨를 그곳으로 모셔와 봉양했다. 하지만 이순신이 파직당해 유배형에 처하자 변씨는 홀로 여수에 남아있었는데, 늙고 병든 몸이라 언제 아들을 또 볼 수 있을지 장담하지 못했다. 그리하여 변씨는 병환으로 거동이 힘들었음에도 아들이 복직하여 내려오고 있다는 소식이 전해지자 본인의 관을 배에 싣고는 곧장 길을 나섰다. 만약 올라가는 도중에 죽게 된다면 그 관에 누워서라도 아들을 보고자 했던 것이었다. 안타깝게도 어머니는 아들을 만나지 못한 채 배에서 눈을 감았다.

이순신 또한 백의종군하며 여수에 있는 어머니를 뵙기 위해 내려가고 있었는데, 그가 어머니를 마중 나왔을 때는 이미 돌아가신 뒤였다. 이순신은 가슴이 찢어질 듯 아팠으나 바로 임지로 떠나야만 하는 군인 신분이었기 때문에 장례도 치르지 못한 채 곧장 권율의 부대에 합류하게 된다.

얼마쯤 시간이 지났을까. 삼도수군통제사였던 원균이 칠천량해전에서 대패했다는 소식이 전해졌다. 원균은 이순신이 힘겹게 일구어놓은 조선 수군을 모조리 잃어버렸고, 약 300척에 달했던 조선 함대는 모두 불타 없어진 상태였다. 수군이 전멸했다는 것은 곧 전라도가 위태로워졌다는 것을 의미했는데, 만약 전라도가 왜군에게 점령당한다면 조선이 전쟁에서 이길 수 있는 확률은 제로에 가까웠다.

조정에서는 부랴부랴 이순신을 삼도수군통제사에 재임명했으나 그가 부릴 수 있는 수군은 대부분 전멸해 수군이라 부르기도 힘들 정도였다. 그나마 이순신이 복직했다는 소식을 듣고, 병사들이 하나둘씩 본영으로 모일 뿐이었고, 이순신 또한 손 놓고 구경만 할 수는 없었기 때문에 전국 각지를 돌며 패잔병들을 수습했다. 군량과 무기를 보충해 앞으로의 일전을 대비하기 시작했으나, 만약 왜군이 칠천량해전의 대승을 기세로 이순신을 공격했다면 상황은 장담하지 못했을 것이다. 칠천량에서 도망친 경상우수사 배설이 12척, 전라우수사 김억추가 1척을 이끌고 합류했다. 모두 왜군의 기세에 눌려 전의를 상실한 상태였지만 이순신은 희망의 끈을 놓지 않았다.

어란진에서 왜군 정찰함대를 물리친 이순신은 왜군

의 공격이 임박했음을 직감했다. 곧바로 벽파진으로 이동해 결전을 준비했고, 왜군도 기세를 몰아 전라도를 점령한 후 한양으로 북상하고자 했다. 이순신이 복귀했다는 소식이 전해졌으나 전력은 자신들이 절대적으로 유리하다는 걸 알고 있었기 때문에 별다른 걱정은 없어 보였다. 하지만 조정에서는 이대로 맞붙으면 승산이 없다고 판단했는지 이순신에게 수군을 버리고 후퇴할 것을 명했고, 육지로 올라와 권율과 힘을 합쳐 왜군을 막으라고 지시했다.

이순신은 그 명을 받아들일 수 없었다. 곧바로 선조에게 장계를 올려 "지금 신에게는 12척의 배가 남아있습니다. 죽을힘을 내어 맞서 싸우면 이길 수 있습니다."라고 하니 보고를 받은 선조와 조정 대신들은 이순신을 믿고 기다리는 수밖에 없었다.

마침내 이순신은 울돌목의 지리적 이점을 활용해 왜군을 상대하고자 했고, 벽파진에서 울돌목을 지나 해남의 전라 우수영으로 진영을 옮겼다. 그리고 장수들을 모아놓고 "죽고자 하면 살고, 살고자 하면 죽는다."라며 전의를 불태웠다.

10월 26일 아침, 왜군은 330척의 함대를 이끌고 울돌목으로 진입하고 있었다. 왜군 선발부대 133척이 앞으로 나아가자 이순신도 이에 맞서기 위해 돌격했다. 하지만 나머지 12척은 겁에 질려 감히 진격하지 못했는데, 오로지 이순신이 타고 있는 대장선 1척만 앞으로 나아가고 있을 뿐이었다. 백성들은 울돌목에서 대장선 1척이 고군분투하며 133척과 싸우는 모습을 보고 통곡했다.

포탄과 화살을 동원해 왜군 함대를 홀로 막아내던 이순신이 정신없이 적들과 싸우고 있을 때쯤 뒤를 돌아보니 우리 함대가 합류하지 않고, 멀찌감치 떨어져 있었다. 곧바로 초요기를 올려 장수들을 부르기 시작했으나 장군들은 겁이 나 함부로 진격하지 못했다. 때마침 물살이 왜군 쪽으로 바뀌며 상황이 크게 유리해졌다. 왜군 함대가 우왕좌왕 서로 뒤엉키며 침몰하기 시작하자 기회를 엿본 이순신이 대대적으로 공격 명령을 내렸다. 정오가 되어서도 합류하지 않고 있던 함대들이 속속 전투에 참여하기 시작하면서 울돌목에서 왜군 함대 133척을 대파했던 전투가 바로 명량해전이다.

이 기록은 이순신이 작성한 《난중일기》를 압축한 내용이다. 다만 "신에게는 아직 12척이 있습니다."라는 명언은 여러 기록과 다소 차이가 있는데, 실제 이순신이 보유한 함대는 총 13척으로 《조선왕조실록》《선조실록》

94권의 기록에는 전선 13척과 초탐선 32척을 수습했다고 적혀 있다. 그런데 12척이 정설로 굳어지게 된 계기는 조선 22대 정조의 명에 의해 유득공 등이 편찬한 《이충무공전서》의 기록 때문이니 혼동하지 않도록 하자.

명량해전이 끝나고 약 1달 뒤에는 이순신의 셋째 아들 이면이 아산에서 전사했다. 적들이 이순신에게 패배한 분풀이를 아들에게 한 것이었을까. 이순신은 아들이 전사했다는 소식을 듣자 슬픔을 감추지 못했다. 1597년에 어머니와 아들을 한꺼번에 잃었으니 그 심정은 말로 형용할 수 없었을 것이다.

해남에 있는 우수영국민관광지는 명량해전이 벌어진 울돌목에 자리하고 있는데, 실제 울돌목의 모습을 보면 물살이 매우 빠른 것을 확인할 수 있다. 더불어 바닷물이 소용돌이치며 거세게 부딪혀 나가는 모습을 보면 약 500년 전에 벌어진 명량해전의 전율을 간접적으로나마 느낄 수 있다. 만약 이곳에 방문할 기회가 있다면 이순신이 어떠한 심정으로 전투에 임했을지 인간 이순신에 대해 한 번쯤 생각해 보는 시간이 되었으면 한다.

한반도 최초, 어쩌다 해외여행 '우이도'

위치
전남 신안군 도초면 우이도리 산144-1

운영시간
도초여객선터미널 우이도 배 시간표 참고

가격
공식 홈페이지 참조

해외여행이 쉬운 지금도 한 번 나가기 위해서는 많은 준비가 필요하다. 교통편은 어떻게 이용할지, 비용은 어느 정도 사용할지, 먹거리와 숙소는 어디서 해결할지 등 고민할 것이 많다. 그런데 이런 계획 없이 무작정 여행을 떠난다면 어떻게 될까? "집 떠나면 개고생한다."라는 옛말처럼 쉽지 않은 여행이 될 것이다. 그런데 지금으로부터 약 220년 전, 불의의 사고로 인해 타국에서 살게 된 남자가 있었다. 바로 조선 시대 우이도에서 홍어를 팔던 문순득의 이야기다.

1801년 12월 그해 들어 가장 추운 겨울이 찾아왔다. 당시 24살의 건장한 청년이었던 문순득은 우이도에서 홍어를 팔며 생계를 꾸려 나갔다. 어느 날 팔고 있던 홍어가 다 떨어졌고, 마을 주민들과 함께 흑산도에 들러 홍어를 구입해 우이도로 돌아오는 중이었다. 그런데 별안간 비바람이 불어닥치며 큰 풍랑이 일었고, 문순득이 탄 배도 좌초될 위기에 처했을 만큼 풍랑은 더욱 거세어졌다. 문순득이 탄 배는 그대로 떠내려갔다. 이후 풍랑이 잦아들며 한 외딴섬이 보였다. 그는 정신을 잃고 차리기를 반복하던 터라 곧장 얼마쯤 시간이 흘렀는지 계산해 보았고, 약 보름 정도가 지났음을 알 수 있었다.

문순득도 처음에는 외딴섬인 줄 알았으나 주위를 둘

러보니 사람들이 살고 있다는 걸 알아챌 수 있었다. 너무 반가웠던 문순득은 사람들에게 이곳이 어디인지 물었는데, 이게 웬걸. 그곳 사람들은 조선말을 전혀 하지 못했다. 생김새는 조선인과 비슷한데 자기가 알아듣지 못하는 말을 하고 있으니 문순득도 당황하지 않을 수 없었다. 이에 손짓, 발짓을 동원해 위치가 어디인지를 묻자 말귀를 알아들은 한 사람이 유구국임을 알려주었다. 문순득은 유구국이라는 소리를 듣자 또 한 번 당황했다. 유구국은 조선에서도 멀리 떨어진 나라였기 때문이다.

당시 조선은 현재의 일본 오키나와섬에 건국되었던 류큐 왕국을 한자로 풀이해 유구국이라 불렀다. 지금도 비행기를 타면 4~5시간은 족히 걸리는 그 먼 거리를 문순득은 배에서 표류한 채 그곳까지 당도하게 된 것이었다. 하지만 그가 당장 조선으로 돌아갈 방법은 없었기 때문에 돌아가기 위한 여러 준비를 해야 했다. 그래서 류큐 왕국에 머무는 동안은 그곳 사람들과 친해져 문화에 빠르게 적응한 뒤 생계를 꾸려나가는 방법을 먼저 강구해야 했다.

한 가지 다행스러운 사실은 류큐 왕국 사람들은 조선인에게 적대적이지 않았다는 점이었다. 문순득이 먹고 자는 데 불편함이 없도록 잘 보살펴 주었으며, 매일 같이 쌀과 채소를 주는 것은 물론 돼지를 잡아다 고기를 먹을 수 있게 해 주었고, 몸이 아프면 치료를 해 주었다. 약 10개월간 그곳에서 생활하던 문순득은 류큐어를 배우며 현지에 완벽히 녹아들었다. 그리고 류큐 사람들과의 대화를 통해 류큐 왕국은 오키나와 본섬과는 조금 떨어진 아마미오섬이라는 사실과 조선으로 어떻게 하면 돌아갈 수 있을지를 전해 듣게 되었다.

당시 류큐 왕국은 조선과 일본 그리고 청나라에 조공을 바쳤고, 약소국으로서 강대국들과 무역을 하며 그들만의 독자적인 문화를 이룩했다. 그리고 문순득 또한 류큐 왕국에서 청나라로 가는 배가 곧 출발한다는 사실을 알 수 있었고, 그 배를 타고 청나라에 도착하면 육로로 북경까지 이동해 그곳에서 조선인 무역상을 만나 고국으로 돌아가고자 했다. 마침내 1802년 10월 문순득은 청나라로 가는 배에 오를 수 있었다. 류큐 사람들의 따뜻한 환대를 기억하며 잠시 눈시울이 붉어졌으나 집으로 되돌아갈 수 있다는 생각에 금세 웃을 수 있었다.

시간이 얼마쯤 흘렀을까. 청나라에 거의 다 왔을 것이라고 짐작했던 문순득 일행은 점점 초조해졌다. 또다시 날씨가 급변한 것이다. 거센 파도가 배에 부딪히며 이리저리 흔들렸고, 태풍과 함께 집채만 한 파도가 불어닥치며 또다시 남쪽으로 떠내려가고 있었다. 문순득은 잠시 정신을 잃었으나 곧 눈을 뜰 수 있었다. 주위를 둘러보자 류큐 왕국에 도착했을 때처럼 풍랑은 사라졌으나, 맑고 깨끗한 바다와 눈부신 햇살만 그를 내리쬐고 있었다.

같이 출발했던 배 3척 중 2척은 사라져 없어졌고, 오직 문순득이 탄 배만이 그곳에 도착했다. 문순득은 키가 작고 얼굴이 까무잡잡한 사람들만 보이자 이번에도 조선이 아니라는 걸 알 수 있었다. 때마침 청나라 상인들과 거래하는 무역항구가 보여 손짓과 발짓을 동원해 어딘지를 물으니 여송이라는 대답이 돌아왔다. 여송은 오늘날의 필리핀 루손섬이다.

15~16세기 유럽은 향신료, 그중에서 가장 인기가 많았던 후추를 구하기 위해 바다로 나아갔다. 이때 가장 적극적으로 움직였던 나라가 바로 포르투갈과 스페인이다. 귀족부터 왕족까지 수요는 넘쳐났으나 유럽에서는 후추를 재배하기 힘들었다. 이로 인해 후추를 수입하기 위해 목숨을 걸고 바다로 나아가는 수밖에 없었는데, 많은 양의 후추만 확보해 돌아올 수 있다면 엄청난 보상을 수익으로 가져갈 수 있었다. 우리는 이 시기를 '대항해시대'라 부른다.

당시 필리핀을 비롯한 동남아시아 여러 국가는 향신

료 루트를 위한 거점이었다. 더불어 청나라와의 무역을
위해 가장 가깝게 붙어 있던 루손섬에는 다양한 국가의
상인들이 모였으나 정작 필리핀 사람들 역시 조선인을
만날 기회는 흔치 않았다. 문순득은 또 한 번 필리핀에서
살아남을 궁리를 모색해야만 했다. 그는 필리핀어와 필리
핀 사람들의 문화를 배우며 필리핀 사람들의 일상에 녹
아들기 시작했다. 끈을 꼬아 팔거나 장작을 내다 팔면서
생계를 해결했고, 가끔 용돈을 마련해 술과 담배를 샀다.
시간이 남아 여유가 있을 때는 근처 도시를 관광하며 선
진화된 서구 문물들을 직접 보고 체험하기도 했다. 그리
고 마을 한가운데에 덩그러니 놓여 있는 성당은 문순득
에게 신선한 충격이었다.

　　문순득은 오랜 시간을 필리핀에서 생활하며 그곳 사
람들과 친해질 수 있었다. 필리핀어를 능숙하게 구사하며
재치 있는 입담으로 사람들을 기쁘게 만들었다. 그리고
류큐 왕국에서처럼 그들과의 대화를 통해 청나라 상선이
들어오는 때를 알 수 있었다. 문순득은 청나라 상선이 들
어올 때를 맞추어 곧장 돌아갈 준비를 하기 시작했다. 필
리핀에서 장사하며 모은 돈을 품삯으로 내고 안전하게
마카오에 도착할 수 있었으며, 육로를 통해 난징을 거쳐
베이징에 입성할 수 있었다. 그리고 그곳에서 조선 무역

상들을 만난 문순득은 약 18개월 만인 1804년 12월 한양에 도착했다. 그리고 이듬해 1805년 1월, 그토록 꿈에 그리던 고향 우이도로 약 3년 만에 돌아오게 된다.

우이도 사람들은 문순득이 돌아오자 크게 환영했다. 그간 어디서 무얼 했는지, 어떻게 살아남았는지 궁금해했다. 문순득은 자신이 직접 몸소 겪은 지난 3년간의 여정을 이야기해 주기 시작했고, 마을 사람들은 재밌어하면서도 매우 신기해했다. 어쩌다 해외여행을 하고 돌아온 문순득은 다시 홍어 장수가 되었다. 그리고 우이도에서 흑산도를 오가며 여느 때처럼 홍어를 내다 팔았다. 이때 우이도를 비롯해 흑산도에서는 문순득의 일화가 소문처럼 번졌다. 때마침 흑산도에 유배 와 있던 정약전도 이 이야기를 듣게 되었고, 문순득의 자세한 일화가 궁금했던 정약전은 그를 만나 더 상세한 이야기를 듣고 싶어 했다. 그리고 문순득의 일화를 그대로 옮겨 담은 책이 세상에 모습을 드러내니 이게 바로《표해시말》이었다.

안타깝게도《표해시말》원본은 책으로 전해지지 않고 있다. 다만 정약전·정약용 형제를 스승으로 모셨던 이강회와 그의 형제들이《유암총서》라는 책에《표해시말》의 내용을 95쪽 분량으로 담았고, 이 내용이 후대에 전해지게 됐다. 현재 우이도에는 약 200년 전에 문순득이 살았던 생가가 그대로 보존되어 있다. 우이도와 목포항을 연결하는 직항편도 하루 1회 아침 11시에만 운행하고 있으며, 시간은 3시간 내외가 소요된다. 근처 섬을 경유하는 쾌속선도 있으나 비용이 조금 비싼 편인데, 우이도의 푸른 바다를 보면 비용은 용서가 되는 편이다.

여담으로 문순득이 조선으로 돌아온 뒤 얼마 지나지 않아 풍랑을 만나 좌초한 외국인들이 제주도에 표류했다. 조정에서도 단연 외국 사람들을 처음 봤으니, 우리와 말이 통하지 않아 애를 먹고 있었는데, 이 외국인들은 그저 울면서 두 손을 싹싹 빌기만 했다.

몇 년의 시간이 지났을 때쯤 문순득의《표해시말》이 세상에 널리 알려지며 조정에서도 문순득의 이야기를 알수 있게 되었다. 때마침 조정에서는《표해시말》에 등장한 필리핀 루손섬 사람들의 모습이 제주도에 표류한 외국인들과 인상착의가 비슷하다고 판단이 됐고, 문순득을 시켜 그들의 언어를 통역해 주길 부탁했다.

그곳에 당도한 외국인들은 처음 보는 문순득이 필리핀어를 하자 눈이 휘둥그레졌다. 이들은 너무 행복한 나머지 길길이 날뛰며, 울면서 절하기를 반복하더니 집으로 돌아갈 수 있게 해달라며 애원했다. 과거 자신의 모습이 생각났던 문순득은 웃음이 났으나 얼마나 집으로 가고 싶을지, 그들의 심정을 잘 알고 있었다. 곧바로 조정에 보고해 이들이 집으로 돌아갈 수 있게 도와줬고, 얼마 뒤 그들은 필리핀으로 무사히 돌아갈 수 있었다고 한다. 그리고 이 내용 또한 《조선왕조실록》《순조실록》 12권에 기록되어 우리들에게 전해지고 있다.

음식이 식기 전에 알아보는
1분 식도락 역사: 전라도

'고추장'하면 '순창'인 이유

고추는 포르투갈 선교사를 통해 일본에 처음 전래되었고, 1592년 임진왜란이 발발하면서 한반도에 유입되기 시작했다. 다만 임진왜란 이전부터 북방에서 전래되어 고추가 존재했다는 기록들도 남아 있기에 정확한 전래 시기는 확인하기 어렵다. 한 가지 확실한 것은 한·중·일 세 나라가 고추 무역을 통해 개량된 품종들을 육성하였고, 오늘날까지 이어졌다는 점이다.

조선 시대부터 고추는 '초'라는 이름으로 불렸다. 여기서 이 초가 맵다는 의미의 '고'와 만나 고초라고 쓰였는데, 세월이 흐르면서 자연스럽게 '고추'라는 이름으로 변하게 됐다. 그리고 고추는 음식의 재료로 쓰이는 등 계속 발전해 왔다. 특히 고추를 장으로 발효하여 고추장으로 만들 수도 있는데, 이러한 고추장을 떠올리면 순창 고추장이 가장 먼저 생각이 난다. 왜 그럴까? 바로 조선 태조 이성계와 얽힌 재미난 설화 때문이다.

　고려 명장이었던 이성계는 북방의 여진족을 토벌한 뒤, 곧바로 남쪽의 왜구들까지 소탕했다. 이성계는 하루가 멀다고 국경을 침략하는 오랑캐들을 보니, 고려의 국운이 크게 다했음을 직감했다. 마침 미래를 내다본다는 무학대사가 순창에 머물고 있다는 소식을 들었다. 이내 무학대사에게 앞날을 어찌하면 좋을지 묻고 싶어 급하게 말을 몰았다. 마침 배가 고파 근처 마을의 한 민가를 찾았는데, 밥을 먹고 있던 농부에게 식량을 나누어 주길 부탁했다. 이때 농부는 자신이 먹던 보리밥을 고추장과 비벼 이성계에게 전해 주었고, 처음으로 고추장을 먹어본 이성계는 그 맛에 크게 감탄했다.

　그리고 조선을 건국하고 왕이 된 이성계는 이때 맛본 고추장을 잊지 못해 순창에서 매년 진상하게 했다는 이야기가 전해지고 있다.

2장

경상도

천년의 역사, 신라 서라벌의 불국정토 '불국사'

위치
경북 경주시 불국로 385

운영시간
매일 09:00~18:00(입장 마감 17:00, 연중무휴)

입장료
무료

통계청이 집계한 2019년 해외 여행객의 숫자는 약 2천 8백만 명으로 파악된다. 현재는 여건만 된다면 해외 여행을 나가는 데에는 아무런 제약이 없으나 1970~80년 대 학창 시절을 보냈던 우리 부모님 세대에게 해외여행 이란 먼 꿈과 같은 이야기였다. 금전적인 여유를 떠나서 해외여행은 국익에 반하는 행동이라는 인식이 많아 쉽지 않았다고 하는데, 이는 신혼부부도 마찬가지였다. 오히려 먹고 사는 게 바빠 간단하게 식만 올리고 짧게 신혼여행 을 떠났고, 1970년대 1순위 신혼여행지는 단연 경주였다.

경주하면 유명한 사찰 불국사가 가장 먼저 떠오른다. 국내에서 방영되는 사극, 드라마에도 스님이 자주 등장한 다. 대부분 스님의 역할은 불의를 참지 못하는 모습, 어려 운 백성을 구원하는 모습으로 많이 그려진다. 그만큼 불 교는 고대국가부터 민간신앙으로서 깊숙이 뿌리내렸으 며, 한반도의 여러 국가는 불교를 공인 종교로 삼아 왕권 을 강화하고 중앙집권체제를 이루었다. 특히 고구려와 백 제 왕실은 적극적으로 불교를 수용했는데, 신라의 경우는 한참이 지나서야 불교를 받아들였다.

신라는 고구려나 백제와 다르게 제약이 많았다. 지정 학적 위치에 따라 여건이 좋지 못했고, 중국에서 전해 들어오는 문물을 받아들이는 데도 다소 시간이 필요했다. 고구려처럼 육상으로 이동하거나, 백제처럼 해상으로 이동할 수 있는 상황은 아니었다. 고구려와 백제가 4세기 무렵이 돼서야 불교를 공인한 반면에 신라는 6세기쯤 받아들일 수 있었다. 상대적으로 타 국가들이 불교를 수용해 왕권을 강화했던 것에 비하면 많은 차이가 있었는데, 불교가 유독 신라에서만 늦게 공인된 이유는 무엇일까? 크게 두 가지로 나누어 볼 수 있다.

첫째, 당시 신라는 부족 연맹체였다. 삼국시대 나라 중 가장 먼저 건국되었으나 국가로서의 기틀과 체계가 잡힌 것은 6세기 이후였다. 고조선 멸망 후 유민들은 철기문화를 가지고 남하했고, 경주에서 여러 성씨를 만들곤 집단을 이루며 살았다. 양산촌 이씨·고허촌 최씨·진지촌 정씨·대수촌 손씨·가리촌 배씨·고야촌 설씨 등의 6부촌은 서로 상호협의를 통해 양산촌 출신 박혁거세를 왕으로 추대했으니 이처럼 초기 신라의 모습은 중앙 집권적인 국가가 아니라 경주에서 시작되는 소규모 연맹체였다.

이후 주변 진한 12개국을 병합하며 세력을 불려 가던 신라는 17대 마립간 내물왕이 등극하던 시절, 4세기에 이르러서야 폭발적으로 성장했다. 그러나 대부분의 의사결정은 귀족들과 부족 대표들에 의해 이루어졌고, 연맹들의 상호합의를 통해서 국가가 운영되었다. 국가가 커질수록 강력한 왕권을 통해 중앙집권화를 이루어야 고대국가로 나아갈 수 있었다. 하지만 신라의 시스템은 왕이 중심이 되는 사회가 아닌 귀족이 중심이 되는 사회였다. 그래서 불교를 공인 종교 삼아 왕권을 강화하지 못했던 것이었다.

둘째, 각 부족에게는 자신들이 믿는 고유신앙이 존재했다. 일종의 샤머니즘적 성격이 깊숙이 자리 잡고 있었는데, 신라를 건국한 박혁거세가 알에서 깨어났다고 하는 건국신화만 봐도 무슨 느낌인지 이해할 수 있다. 더불어 귀족층과 부족 대표들은 승려들의 언변, 옷차림 등을 문제 삼아 불교를 불신했으며 불교 문화를 굉장히 낯설게 받아들였다.

신라 23대 법흥왕은 즉위 후부터 불교를 공인 종교 삼아 왕권을 강화하고자 했으나 귀족들은 불교를 반대했다. 이때 법흥왕 측근으로 있던 이차돈만이 유일하게 불교 도입을 지지했는데, 이차돈 혼자 불교를 지지한다고 법흥왕이 무조건 밀어붙일 수만은 없는 노릇이었다.

어느 날 법흥왕이 신하들을 불러놓고 불교 도입에 대해 질문했다. 당연히 신하들은 결사반대를 외쳤지만 이차돈은 오히려 불교 도입에 반대하는 신하들이 문제라며 비난했다. 법흥왕은 짐짓 신하들을 위하는 척, 혼자 다른 말을 하는 이차돈을 크게 나무랐다. 그리고 이차돈의 목을 베라고 지시했는데, 이때 목이 잘려 나간 이차돈의 몸에서 흰 피가 솟구치는 기이한 현상이 펼쳐졌다. 이 사건을 겪은 이후 신하들은 불교 도입을 반대하지 않았다고 《삼국사기》는 기록하고 있다.

그 후 법흥왕은 이차돈의 희생 덕분에 불교를 적극적으로 장려할 수 있었다. 그리고 불교는 중국에서 넘어온 외래종교가 아니라 우리 고유신앙과 밀접한 관련이 있음을 설파했다. 더 나아가 신라의 땅은 본래 불국토였다는 믿음을 주려 했는데, 여기서 말하는 불국토란 부처에게 선택받은 신라의 땅을 의미한다. 더불어 부처가 바라던 깨달음과 열반을 통해 극락왕생을 추구하는 길이야말로 진정한 불교의 자세라고 보았다. 이러한 정토사상을 합쳐 불국정토를 속세에 건설하겠다는 일념으로 사찰이 건설되니 그게 바로 불국사다.

불국사를 언제 처음 지었는지에 대해서는 다소 논란이 있다. 528년 법흥왕 시절부터 짓기 시작했다는 의견과 751년 신라 35대 경덕왕 시절, 김대성이라는 인물이 지었다는 의견이 있다. 역사를 좋아하는 사람이라면 김대성이 누구인지 단번에 알아보겠지만 그게 아니라면 생소한 이름이다. 김대성이 유명해진 이유는 불국사를 창건했다는 삼국유사의 기록 때문이다.《삼국유사》권 제5 제9 효선 대성의 전생 편에 소개된 김대성의 내용은 다음과 같다.

김대성은 경주시 서쪽에 있는 모량리에서 홀어머니 경조와 살고 있었다. 그는 태어날 때부터 머리가 크고 정수리가 평편해 마치 성과 같았다. 그래서 이름을 대성(大城)이라 지었으나 대성의 부모는 집이 매우 가난해 아이를 키울 수 없는 형편이었다. 그래서 당시 동네 부자였던 복안의 집에서 근근이 품팔이했는데, 복안은 그들의 딱한 처지를 돕기 위해 자신의 작은 밭을 하나 떼어 주고 생계를 이어 나갈 수 있게 도와줬다.

그러던 어느 날 그곳을 지나가던 흥륜사 점개 스님이 복안의 집에 들렀다. 복안이 점개 스님을 뵙고 베 50필을 시주하자 점개 스님은 그에 대한 보답으로 복안을 크게 축복해 주었다. 그 광경을 지켜본 대성은 어머니를 찾아가 현생의 우리 생이 궁핍한 것은 전생에 덕을 쌓지 못해서이니 다음 생을 위해서 지금이라도 복을 쌓자고 설득했고, 복안에게 받은 밭을 흥륜사에 보시했다.

얼마 지나지 않아 대성은 생을 마감했는데, 그날 밤 신라의 재상 김문량의 집 하늘에서 큰 소리가 났다. 바로

모량리 대성이라는 아이가 있으니 김문량의 집에 의탁하
겠다는 소리였다. 김문량은 그 소리에 놀라 사람을 시켜
모량리를 가보게 하니, 때마침 모량리에 사는 대성이 죽
었다고 하는 것이었다. 그렇게 얼마 뒤 김문량의 부인은
임신했고, 아이가 태어났다. 아이는 손을 꼭 쥐고는 펴지
않다가 태어난 지 일주일 만에 손을 펼쳤는데, 펼쳐진 아
이의 손에는 대성이라는 두 글자가 새겨져 있었다.

　장성한 대성이 토함산에 올라 사냥을 나갔을 때였다.
큰 곰이 보여 사냥을 한 후 잠시 쉴 겸 자리에 걸터앉았
는데 그러다 문득 잠이 들고 말았다. 이때 꿈속에 자신이
사냥한 곰이 나타나 어찌하여 자신을 살해했는지 대성을
꾸짖었고, 놀란 대성은 곰에게 무릎을 꿇고 사죄했다. 화
가 난 곰이 자신을 위해 사찰 하나만 지어 주면 사과를 받
아 주겠다고 하였고, 꿈에서 깬 대성은 곧바로 곰을 위해
장수사를 지었다. 일련의 과정을 겪은 대성은 크게 느끼
는 바가 있었는지 이후 자신의 양친인 김문량을 위해 사
찰을 창건하는데, 이것이 바로 불국사다. 그리고 전생에
함께 살던 자신의 어머니를 위해 석불사를 창건하니 그
게 바로 석굴암이었다고 전해진다.

　불국사를 누가 지었는지에 관해서도 여러 의견이 있

다. 불국사의 역사가 담긴 《불국사고금역대기》에는 법흥왕의 어머니 연제부인이 불국사를 창건했고, 24대 진흥왕의 어머니 지소부인이 크게 개창했으며, 35대 경덕왕대에 이르러 김대성이 크게 중수했다고 전해지고 있다. 한국사 교과서를 비롯해 유네스코 세계문화유산 등재 기록에도 751년 창건되었다고 기술하고 있는데, 당시 불국사의 실제 모습은 우리가 보고 있는 불국사와는 확연한 차이를 보인다. 건물만 약 80종, 총 2,000칸으로 제작된 당시의 불국사는 현재 규모와 약 10배 정도 차이가 난다.

불국사는 수백 년의 긴 세월이 지나며 허물어지고, 불타 없어지기도 하는 등 여러 수난을 겪으며 현재의 규모로 축소됐다. 우리에게 남겨진 숙제는 지금부터라도 불국사를 잘 관리해 약 천 년 뒤의 후손들이 직접 눈으로 볼 수 있도록 만들어 주는 것이라고 생각한다.

고려 태조 왕건을 지킨
8명의 충신 '팔공산'

위치
경북 군위군 부계면 동산리

운영시간
팔공산 케이블카 이용 시 월별 이용시간 상이(공식 홈페이지 참조)

케이블카 이용 요금
대인 왕복 13,000원/ 편도 10,000원
소인 왕복 7,000원/ 편도 5,000원
경로우대 왕복 11,000원/ 편도 7,000원

대구에 생긴 지명 대부분은 고려를 건국한 태조 왕건과 관련이 있다. 가장 먼저 대구 순환고속도로 파군재 IC는 불로동에서 동화사, 파계사로 나누어지는 길목의 재를 뜻하는데, 여기서 재란 사람이 다닐 수 있도록 길이 나 있는 높은 산의 고개를 의미한다. 고려와 후백제의 1차 전투가 벌어졌던 곳을 아래 파군재, 2차 전투가 벌어졌던 곳은 위 파군재라 부르며, 이곳 파군재의 이름을 따와서 파군재 IC라 지었다.

대구 지하철 1호선 해안역·반야월역·안심역도 이와 관련된 지명이다. 왕건이 후백제군의 공격을 피해 도망칠 때 패잔병들과 함께 들판을 무사히 지날 수 있게 되자 군사들의 얼굴에서 근심과 걱정이 사라졌다고 해서 해안이라 불렸다. 또 왕건이 해안을 지났을 무렵 한밤중이 되었고, 그곳에 비친 달을 보고 반야월, 반야월역 근방에 도착한 뒤 안심했다고 해서 안심역이라는 이름이 붙었다고 한다.

또 대구의 번화가인 동성로 반월당역은 왕건이 후백제군에게 쫓겨 퇴각하던 중 하늘에 뜬 달의 모습이 반달처럼 생겼다 하여 반월당이라는 이름이 붙었다. 그리고 반월당에서 도망친 왕건이 나무꾼을 만나 주먹밥을 얻어먹었는데, 나무꾼은 그가 왕인 줄 몰랐다. 그는 이후 왕인

것을 알았다면 더 잘해 줬을 것이라며 후회했고, 동구에
있는 롯데아울렛 일대는 왕을 잃은 곳이라 해서 실왕리
가 됐다.

왕건은 실왕리에서 서쪽으로 이동하며 북구 서변동
과 연경동을 지났다. 그때 군사들에게 경계를 게을리하지
말고, 태만하지 말라고 명령했다 하여 무태라는 이름이
붙었다. 그래서 서변동과 연경동 일대를 합쳐 무태조야동
이라 부른다. 마지막으로 왕건이 진군하면서 나팔을 불었
다고 해서 나발 고개, 왕건 대신 죽은 신숭겸의 계책이 훌
륭하다 해서 지묘동, 왕건이 도망치던 도중 잠시 스쳐 간
곳 중에 어른들은 피난 가고, 아이만 남은 동네가 있어 그
곳을 불로동이라 부른다.

왜 대구에는 왕건과 관련된 지명이 이토록 많이 전
해졌을까? 물론 이 지명들이 모두 왕건으로 인해 붙여진
지명인지는 확실하지 않다. 하지만 왕건이 이곳에서 벌였
던 전쟁은 당시의 사람들에게 많은 영향을 주었으리라고
생각한다. 그게 아니라면 오늘날 우리에게 대구의 지명들
은 전해지지 않았을 것이다.

918년 왕건은 자신이 모시던 궁예를 몰아내고 고려
를 건국했다. 그러나 왕건이 정권을 장악하자 하루도 조

용히 지나갈 새가 없었다. 궁예를 따르던 지방호족들이 하나둘씩 반란을 일으켰다. 그래서 왕건은 내부의 불신을 종식시키고 고려를 안정화하는 데 주력하는 한편, 후백제의 견훤은 고려가 어지러운 틈을 타 신라를 정벌하는 데에 더 몰두했다.

이후 고려는 호족들의 반란을 진압하면서 차츰 안정되었으나 오히려 후백제는 신라를 완전히 병합하지 못한 상태였다. 이에 왕건은 신라를 탄압하는 후백제와는 달리 신라와 가깝게 지내고자 했고, 신라 역시 후백제에 맞서기 위해 고려와는 좋은 관계를 유지하고자 했다. 그러나 두 나라가 가깝게 지낼수록 후백제의 견훤은 이를 굉장히 불쾌해했으니 결국 두 나라는 920년 벌어진 조물성 전투를 기점으로 으르렁거리기 시작했다.

고려와 후백제는 웅진·문경·예천·홍성 등 국경을 맞대고 있는 지역에서 크고 작은 전투를 벌였다. 여기에 수군을 이용한 왕건의 계책으로 나주와 진주·합천 일대가 고려의 손에 떨어지자 점점 급해지는 쪽은 후백제였다. 마침내 견훤은 군사를 일으켜 신라로 쳐들어가 영천을 점령, 서라벌(경주)로 진격하기 시작했는데, 후백제군의 공격을 감당하기 힘들었던 신라는 고려에 지원군을 요청. 곧장 왕건도 신라의 요청에 호응하며 시중 공훤에게 군사 만 명을 주고 구원하도록 하였다.

공훤의 군대가 출발한 뒤, 왕건도 정예 5천 명을 이끌고 서서히 남하하기 시작했다. 그리고 공훤에게는 파발을 보내 성급히 서라벌을 구원하지 말고 그곳에 대기하도록 지시했다. 더불어 합천 대야성에 있는 장군 김락에게 군사를 모아 대구로 올라올 것을 명령했는데, 당시 견훤은 서라벌까지 진입한 상태라 왕건이 일시에 들이닥쳤다면 무사하지 못했을 것으로 판단된다. 하지만 왕건은 군대가 대구에 모일 때까지 섣불리 움직이지 않았다.

후백제군은 고려군의 지원 소식을 듣고 서라벌에서 후퇴하여 군대를 재정비함과 동시에 대구 공산에 먼저 도착해 왕건이 진군할 만한 장소를 골라 군사를 매복시켰다. 왕건은 후백제군이 먼 거리를 이동해 많이 지쳤을 거라고 판단했고, 여유를 부리며 무리하지 않으려 했으나 이는 크나큰 패착이었다. 견훤은 왕건의 군사작전을 비웃기라도 하듯 동에 번쩍, 서에 번쩍 고려군을 괴롭히기 시작했다. 그리고 속전속결로 고려군을 밀어붙이면서 퇴로를 끊어 왕건이 도망치지 못하도록 붙잡으려 했다.

그렇게 견훤이 이끄는 후백제군에게 속수무책 격파당한 왕건의 고려군은 후백제군의 추격을 뿌리치고 도망치려 했다. 왕건도 자신이 이끌고 온 정예 병력 5천 명은 모두 잃고 도망칠 수밖에 없었을 만큼 상황은 매우 절박했다. 후백제군의 추격이 거세어질수록 왕건의 목숨도 바람 앞에 등불일 뿐이었다. 이때 충신 신숭겸이 나서서 자신이 왕건의 갑옷으로 바꿔입고, 왕건 행세를 하며 추격대의 시선을 돌리고자 애를 썼다. 신숭겸의 기지 덕분에 왕건은 겨우 도망칠 수 있었으나 결국 신숭겸은 후백제군에게 붙잡혀 최후를 맞게 된다. 그리고 신숭겸과 김락을 포함해 공산전투에서 전사한 8명의 장수를 기려 팔공산이라는 이름이 붙게 되었다.

대구시는 왕건이 도주한 길을 정비하여 팔공산 왕건길을 만들었다. 지난 2010년 국토해양부에서 누리길 조성사업을 통해 공모에 선정된 팔공산 왕건길을 총 8개 아이템으로 구성하고, 국비 5억 원을 들여 2012년 완성했다. 약 35km에 달하는 산행길이라 등산을 좋아하는 사람들에게는 최적의 코스다. 하지만 소요 시간이 15시간 내외로 한 번 올라가기 시작하면 다시 내려오기 힘든 곳이라 산악을 즐기는 등산객들을 위해 구간마다 편의시설과 휴게소를 설치했다. 코스는 왕건이 도망친 길을 따라 유적지가 함께 어우러져 있는데, 당시 왕건의 행적을 간접적으로나마 체험해 볼 수 있으니 도전해 보자.

대한민국의 웃음꽃은 모두
여기에 있다? '안동 하회마을'

위치
경북 안동시 풍천면 전서로 186

운영시간
하절기(4월~9월) 09:00~18:00/ 17:30 입장 마감
동절기(10월~3월) 09:00~17:00/ 16:30 입장 마감

입장료
대인 5,000원, 청소년 2,500원, 어린이 1,500원, 그 외 무료

2017년에 영화 〈더 킹〉이 개봉했다. 관객 수 531만 명을 동원하며 흥행에도 성공했는데, 영화는 부패한 검사들의 이야기를 다루고 있다. 권력을 손에 쥐고 싶었던 박태수(조인성)와 권력을 설계하는 한강식(정우성), 한강식을 보좌하는 양동철(배성우)이 영화의 중심에 있다. 여기서 재미난 대사가 하나 등장한다. 안동으로 가는 차 안에서 그들이 나눈 대화였다.

안동 사람들은 삼 농사가 끝나면 여기저기 모여 대마를 피웠고, 대마 때문에 기분이 좋아지면 너도나도 할 것 없이 웃었는데 안동 하회탈이 웃는 이유가 바로 대마 때문이라고 한 것이다. 극 중 재미를 위한 요소라고는 하나 정작 안동 하회마을 주민들은 웃지 않았다. 영화가 개봉하자 전통공예품인 하회탈을 비하했다며 항의하기도 했다. 그렇다면 대마의 원료가 되는 삼은 어떻게 재배되는 걸까? 우선 삼과 대마로 무얼 하는지부터 알아보자.

삼베는 무명·모시·명주 등과 함께 대한민국을 대표하는 전통 직물이다. 이 삼베를 만들기 위해서는 우선 삼을 재배해야 하는데, 삼 줄기를 가늘게 짼 뒤 실로 만들어 베틀에서 옷감을 짠다. 그럼 우리가 영화나 드라마에서 본 누런 옷감의 삼베가 되는 것이다. 삼베를 짜고 남은 꽃잎은 대마로 활용되며, 우리들의 일상생활 곳곳에서 식품

또는 약품으로 쓰이고 있다.

대마는 원래 인간이 사용한 약초 중 가장 오래된 식물이다. 기원전 3천 년 전부터 사용했다는 이야기도 있으나 정작 마약류로 분류된 것은 100년이 채 되지 않는다. 현재 대한민국에서 삼을 재배하기 위해서는 기초자치단체장의 허가를 받아야 하고, 대마초의 원료로도 쓰이기 때문에 마약류관리법에 따라 엄격히 관리되고 있다. 그래서 수확 철이 되면 식약처 직원의 감독하에 삼 줄기를 수확하고, 꽃잎은 모두 태운다. 삼은 안동에서 재배하기도 하지만 강원도에서도 많이 재배하고 있다. 그래서 강원도 산길을 걷다 보면 길가에 아무렇게나 자란 삼을 심심찮게 볼 수 있는데, 단 이 삼도 함부로 채취하다가는 법적인 처벌을 받을 수 있으니 조심해야 한다.

그렇다면 해맑게 웃고 있는 모습을 한 하회탈은 무엇인가? 하회탈은 경상북도 안동시 하회마을·병산마을에 대대로 전해져 내려오는 대한민국의 고유 민속탈이다. 그래서 하회마을에서 만든 탈을 하회탈, 병산마을에서 만든 탈을 병산탈이라 한다. 하회마을은 이름 그대로 강이 돌아나가는 지역이라 해서 하회라 부르고, 병산마을은 병산서원 앞에 병풍처럼 둘러쳐 있는 병산에서 따왔다.

예부터 하회마을에는 김해 허씨와 광주 안씨 사람들

이 살고 있었고, 이후 풍산 류씨 사람들이 하나둘씩 건너와 살게 되면서 허씨와 안씨는 다른 곳으로 옮겨갔다고 한다. 그래서 "하회마을에는 허씨 터전에 안씨 문전에 류씨 배판"이라는 말이 전래되고 있는데, 류씨 성씨 중 유명한 위인은 서애 류성룡이 대표적이다.

　가끔 안동 하회마을을 안동 김씨 집성촌이라고 오해하는 경우들이 있다. 그러나 안동 김씨 집성촌은 이곳에서 약 5km 떨어진 지역이므로 하회마을은 안동 김씨와 전혀 관계가 없는 마을이다.

　오늘날 하회탈은 총 11개가 전해지고 있다. 주지탈 2개·각시탈·중탈·양반탈·선비탈·초랭이탈·이매탈·부네탈·백정탈·할미탈이라 불린다. 병산탈은 총각탈·별채탈·떡다리탈이 있었으나 일부는 분실되어 현재는 전해지지 않고 있다. 일반적인 탈은 바가지나 종이로 만들기 때문에 오래 보존되지 못하고 실전되는 경우가 많은데, 그해 탈놀이가 끝나면 태워버리는 것이 풍습이라 사라지는 경우도 있다. 유일하게 하회탈과 병산탈만이 나무로 만든 탈이라 사라지지 않고 전해지는 중이다.

　하회탈의 시작이 언제인지는 정확하게 알려지지 않았다. 다만 고려 후기 인물인 허도령이 하회탈을 처음 제작했다고 전해지고 있을 뿐이다. 그러나 실존 인물인지 정확한 기록은 없기 때문에 허도령과 하회탈에 얽힌 슬픈 전설을 통해 하회탈의 탄생을 추측하고 있다.

고려 후기 하회마을에는 오랫동안 비가 내리지 않아 가뭄이 들었다. 비가 오지 않으니 농작물을 수확할 수 없었고, 그해 흉년이 들고 말았다. 흉년이 지속되자 마을 사람들도 제대로 먹지 못해 굶어 죽기 시작했고, 급기야 마을에 저주가 내린 것이 아닌가 하는 흉흉한 소문까지 돌게 됐다. 마을이 무너지는 것을 바라볼 수 없었던 허도령은 밤마다 삼신당에 물을 떠 놓고 정성껏 기도를 올렸는데, 그의 간절한 기도는 며칠이나 이어졌다. 마을 사람들이 다시 건강해지길 바란 허도령의 마음이 하늘에 닿았던 걸까? 여느 때처럼 물을 뜨고 기도를 하던 찰나, 너무 피곤했던 나머지 그만 잠이 들고 말았는데, 때마침 허도령의 꿈에 산신령이 나타났다.

그런데 허도령의 꿈에 나타난 산신령은 마을에 흉년이 든 것은 하늘의 뜻이니, 기도를 멈추라는 것이 아닌가. 너무 놀란 허도령이 그 이유를 묻자, 마을 사람들이 서로 욕심을 부리며 다투는 일이 잦아 하늘신이 저주를 내린 것이라 했다. 허도령은 마을 사람들이 굶어 죽는 것을 차마 볼 수 없었기에 어떻게 하면 이 사태를 극복할 수 있는지 산신령에게 물었다. 그러자 12가지의 탈을 만든 뒤 하늘신을 위해 굿을 하면 되는데, 대신 탈을 만드는 동안 누구라도 엿보게 되면 만들고 있는 사람은 피를 토하고 죽을 것이라 알려 주었다.

꿈에서 깬 허도령은 다음 날 아침이 되자 마을 촌장에게 달려가 꿈 이야기를 해 주며, 자신이 직접 탈을 만들 것이라 했다. 촌장 역시 그를 돕기 위해 탈을 만드는 동안 아무도 얼씬거리지 말 것을 마을 사람들에게 당부하자, 모두 기뻐하며 환호성을 질렀다. 하지만 단 한 사람만큼은 그러지 못했는데, 바로 허도령의 이웃집 처녀 김씨였다. 그녀는 오랫동안 허도령을 짝사랑하던 터였기에 한동안 만날 수 없을 것이라는 말이 너무 슬프게 느껴졌다.

이튿날 허도령은 심신을 정갈히 하고 집에 금줄을 쳤다. 그리고 산신령의 말대로 탈을 만들기 시작했는데, 아침 일찍 시작된 작업은 며칠 밤을 보냈음에도 끝나지 않았다. 시간이 얼마쯤 흘렀을까? 마침내 각시·백정·할미·부네·중·양반·선비·총각·별채·떡다리·주지까지 11개의 탈이 모두 완성되었다. 그리고 허도령에게 남은 것은 이매탈 작업뿐이었다. 너무 고된 작업이지만 이매탈만 완성된다면 마을 사람들 모두 저주에서 해방이 될 거라 믿었다. 이때 김씨는 허도령이 며칠이 지나도 집에서 나오지 않자 애간장이 타기 시작했다.

지금쯤이면 집에서 나오지 않았을까 기다리던 김씨는 허도령을 향한 그리움이 커져만 갔다. 결국 김씨는 기다림을 참지 못하고 곧바로 허도령이 작업하고 있는 집으로 향했다. 이윽고 허도령의 집에 도착해 대문 앞 금줄을 넘어 방문을 조심스럽게 열자 그 순간 하늘에서 천둥 번개가 치더니 허도령이 피를 토하고 쓰러졌다. 김씨는 누구도 보지 못하게 하라는 산신령의 말이 생각났지만 이미 때는 늦은 뒤였다. 12번째 탈을 작업하던 허도령은 결국 이매탈의 턱 부분을 만들지 못하고 그 자리에서 숨을 거두었다. 그래서 오늘날 전해지는 하회탈 가운데서 유일하게 턱이 없는 탈은 이매탈 뿐이다.

안동 하회마을은 2010년 유네스코 세계문화유산으로 등록되었고, 경주 양동마을과 함께 우리나라 열 번째 세계문화유산이 됐다. 하회마을은 대한민국의 전통적인 모습이 그대로 남아있는 곳으로 실제 주민들이 거주하는 공간이니 크게 소란을 피우지 않도록 특히 주의해야 한다. 저녁노을이 지는 가을, 떨어지는 단풍잎과 함께 마을 골목을 거닐다 보면 편안하고 조용한 마을의 청취를 느낄 수 있다.

가녀린 여인의 몸으로
왜장과 함께 투신하다
'진주성'

위치
경남 진주시 본성동

운영시간
하절기(3월~10월) 개방 시간 05:00~23:00/ 매표 시간 09:00~18:00
동절기(11월~2월) 개방 시간 05:00~22:00/ 매표 시간 09:00~18:00

입장료
대인 2,000원, 청소년·군인 1,000원, 어린이 600원, 그 외 무료

거대한 진주성의 위엄 때문일까. 우두커니 서 있는 진주성을 보면 도시 전체가 하나의 요새 같아 보인다. 진주시를 굽이 가로지르는 남강의 존재 또한 든든하다. 이런 지형적 특성 덕분에 진주시를 바라볼 때면 다른 지역과는 차별화된 독특한 분위기를 느낄 수 있다. 내가 진주를 방문했을 때는 매우 차분하면서도 정제된 느낌이 가득했다.

진주성에서는 매해 10월 1일부터 16일까지 유등축제가 개최된다. 이 시기에 많은 관광객이 진주성을 방문해 아름답게 수놓은 유등을 보면서 시간을 보낸다. 그리고 진주성을 감싸고 있는 남강에도 유등을 띄워놓고 있는데, 진주성에서 계단을 통해 내려갈 수 있다. 다만 길이 매우 협소하고 밤에는 어두워서 안 보이기도 하니 안전에 유의하는 것이 좋다. 그밖에 진주성 내부에서 펼쳐지는 공연도 함께 볼 수 있으니 좋은 추억을 만들어 보자.

이러한 유등축제의 기원은 임진왜란이 벌어졌던 1592년으로 거슬러 올라간다. 임진왜란 도중 벌어졌던 3대 대첩을 꼽으라면 단연 권율의 행주대첩·이순신의 한산도대첩·김시민의 진주대첩을 꼽을 수 있다. 그리고 오늘의 주제인 진주대첩은 1592년 벌어진 1차 전투와

1593년 벌어진 2차 전투로 나뉘는데, 그중 진주목사 김시민이 조선 관군 약 3,800명을 이끌고 왜군 3만 명의 공격을 일주일간 막아낸 것이 1차 전투였다.

진주성에 고립된 진주목사 김시민과 병사들은 왜군의 야간기습과 도하를 저지하고자 등불을 설치했다. 더불어 성 밖의 가족들에게 등불을 띄우며 안부를 전하는 통신수단으로도 사용했는데, 이때 사용된 등불이 바로 오늘날 유등축제의 기원인 것이다.

왜군이 전쟁을 승리로 이끌기 위해 가장 공을 들였던 지역은 단연 진주성이었다. 진주성을 점령할 수만 있다면 전라도의 곡창지대를 손에 넣어 기세를 잡을 수 있을 거라 판단했다. 그러나 진주성에서 김시민에게 대패하며 모든 계획은 물거품이 되고 말았다. 상황이 불리해지자 왜군은 진주성에서 철수할 수밖에 없었는데, 때마침 퇴각하던 왜군과 전투를 벌이던 김시민이 그만 왜군의 총탄에 전사하고 말았다. 김시민의 전사 소식이 알려지자 성안의 모든 사람은 김시민의 죽음을 슬퍼했고 그에게 애도를 표했다. 진주성의 패배가 일본에 전해지자 이를 보고받은 도요토미 히데요시는 불같이 화를 내며 복수할 것을 다짐하게 된다.

한편 평양까지 북상했던 왜군은 명나라까지 지원군

을 파병하자 점점 수세에 몰렸다. 조·명 연합군에게 맞서 고군분투했으나 제대로 대항하지 못했다. 이듬해 1593년 4차 평양성 전투에서도 연합군에게 패배하면서 기세가 꺾인 왜군은 후퇴하기 시작했다. 그러나 후퇴하던 도중 행주산성에서 권율 장군을 만나 대부분 궤멸되기에 이르렀는데, 도요토미 히데요시는 전황이 점점 불리해지자 전군에 총퇴각 명령을 내리게 된다. 임진왜란 개전 후 약 1년 만에 모든 병력을 부산포로 퇴각시킨 것이다.

이때 도요토미 히데요시는 전쟁의 패배를 임진왜란에 참전한 다이묘들에게 돌렸다. 그리고 조선 공략을 위해 적극적으로 전투에 참전하지 않았다는 책임을 물어 다이묘들의 영토를 몰수했다. 더 나아가 아무런 공적도 쌓지 못하는 가문은 멸문시키겠다고 협박을 하니, 조선에 남아있는 다이묘들은 마지막 공격을 준비했다. 바로 제2차 진주성 전투였다.

왜군들은 진주성을 공격함과 동시에 명나라에 화친을 제의했다. 그리고 협상이 진행되는 동안 진주성을 점령하여 협상에서 유리한 고지를 점하고자 했다. 명나라는 왜군이 철수하자 아군의 피해를 최소화하기 위해 화친을 받아들이고 싶었던 반면 조선은 왜군이 항복하고 물러날 때까지 밀어붙이고자 했다. 하지만 왜군들의 진주성 공격

은 이미 기정사실화된 상태였고, 불필요한 피해를 줄이고
자 진주성을 방어하지 말자는 이야기까지 나왔다.

　지원군을 요청하던 조선과 차일피일 미루며 소극적
으로 방관했던 명나라를 사이에 두고, 왜군은 남아있는
모든 전력을 바득바득 긁어모아 약 9만 명의 병력을 진주
성으로 출발시켰다. 이때 경상도 지방의 백성들도 진주성
으로 몰렸는데, 당시 왜군들이 경상도 일대를 쑥대밭으로
만들고 있었기에 진주성으로 피난을 온 것이었다. 그리
고 김시민이 이끌던 조선군이 제1차 진주성 전투에서 승
리했다는 소식이 퍼지자 백성들은 가장 안전한 진주성에
들어가고자 했다.

　이런 상황이 반복되자 그곳을 지키던 장군들과 병사
들은 백성들을 버리고 떠날 수 없었는데, 때마침 왜군들
에게 붙잡혀 비참하게 죽을 바에는 다 같이 힘을 합쳐 왜
군을 몰아내자는 목소리가 흘러나왔다. 그 결과 조선 관
군 6천 명과 백성 5만 명은 진주성에 모여 새로이 진주목
사로 부임한 서예원과 의병장 김천일, 최경회, 황진 등과
함께 대대적인 항전을 준비했으나 진주성은 바람 앞의
촛불 같은 상황이었다.

　약 10일간 벌어진 전투는 조선의 일방적인 패배였
다. 어떻게든 결과를 내려는 왜군들에게 맞서 조선군과

백성들이 고군분투했으나 열흘째 되던 날, 폭우가 쏟아지며 동문이 무너져 내렸다. 동문으로 들이닥친 왜군들의 숫자가 너무 많아 방어에 애를 먹던 찰나 북쪽 성벽을 공격하던 왜군들마저 그곳을 무너뜨렸다. 왜군은 진주성으로 쏟아져 들어오기 시작했고, 그곳의 병사들과 백성들을 학살하기 시작했다. 그리고 제2차 진주성 전투에 가담했던 약 6만 명에 달하는 조선인들은 모조리 전멸했다.

제1차 진주성 전투에서 진주목사 김시민에게 패배한 왜군들은 김시민이 사망한 사실을 모르는 상태였다. 그래서 제2차 전투에서 진주목사로 있던 서예원이 김시민인 줄로만 알고 있었다. 붙잡힌 서예원은 살려달라며 울고불고 애원했으나 왜군들은 듣지 않았다. 왜군들은 결국 그의 목을 베어 본국으로 돌아갔고, 훗날 서예원의 수급을 본 도요토미 히데요시는 그가 김시민인 줄 알고 흡족해했다고 한다.

워낙 치열한 전투가 벌어졌기 때문에 진주성에는 많은 야사가 전해지고 있다. 그중에서 진주성을 점령한 왜군 장수를 끌어안고 남강에 뛰어든 여인, 논개의 이야기는 누구나 한 번쯤은 들어봤을 것이다. 논개는 조선 중기의 학자 유몽인의 《어우야담》에 최초로 등장한 인물로서 실존 인물인지 가상의 인물인지 명확하게 밝혀진 것은 없다. 잠시 그녀의 이야기를 풀어 보자면 내용은 이렇다.

논개는 진주성이 함락되자 가망이 없음을 알곤 촉석루 앞에 있는 바위에서 몸을 던지려 했다. 가녀린 여인이 홀로 서 있으니 왜군들은 그녀를 범하려고 군침을 삼켰는데, 이때 사심을 품은 왜군 장수 하나가 논개에게 다가가 말을 걸었다. 왜군 장수가 논개에게 홀려 그녀를 끌어안은 것도 잠시, 논개는 왜군 장수의 허리를 꽉 움켜잡더니 그대로 강물에 투신해 버렸다. 강물에 투신할 때 손가락이 풀어지지 않게 사람들에게 가락지를 빌렸다는 이야기도 있는데, 가락지를 열 손가락에 끼워 왜군 장수를 끌어안고 투신하려 함이었다.

그래서 논개를 기리기 위해 진주성 앞에 있는 진주교 하부에도 황금색 가락지를 끼워 두었다. 모르고 보면 무심코 지나칠 수도 있으나 어떤 이야기가 담겨 있는지 알았다면 이제부터는 계속 눈에 띌 것이다. 논개가 어디서 태어났는지, 정말 기생이었는지 정확하게 알려진 바는 없다. 하지만 야사의 이야기일지라도 가녀린 여인의 몸으로 왜군 장수와 투신한 그녀의 충절은 진주성을 더욱 빛내고 있다.

조선 시대를 배경으로 하는 영화나 드라마가 만들어
진다면 제2차 진주성 전투가 가장 적절하지 않을까 생각
해 봤던 적이 있다. 각 인물의 캐릭터와 그들이 얽힌 사
연, 처절했던 당시의 전투, 여기에 논개의 이야기가 첨가
된다면 재미있고 감동적인 영화가 만들어지지 않을까 하
는 생각이 든다. 훗날 진주 사람들은 몸을 바친 순국선
열들의 넋을 위로하기 위해 남강에 유등을 띄웠다. 이러
한 전통이 쭉 이어져 내려와 오늘날에 이른 만큼 유등축
제가 더욱 번성해 후대에도 대한민국을 대표하는 축제로
이어졌으면 좋겠다는 생각이 든다.

동족상잔의 비극,
6·25 한국전쟁의 모든 것
'거제 포로수용소'

위치
경남 거제시 계룡로 61 거제포로수용소유적공원

운영시간
매표 시간 09:00~17:00/ 관람 시간 09:00~18:00(매주 화요일 휴무)

입장료
대인 7,000원, 중·고생/군인 5,000원, 초등학생 3,000원
유료체험시설 요금 별도

세계에서 섬이 가장 많은 나라는 어디일까? 바로 인도네시아다. 섬의 개수만 약 만 5천 개에 달한다. 그 뒤로는 필리핀, 일본이 자리하고 있고, 다음은 대한민국이다. 행정안전부가 전국 지자체를 중심으로 잠정 집계한 섬은 약 4천 2백 개다. 한반도는 삼면이 바다로 둘러싸여 있지만 섬은 아니다. 다른 국가들처럼 섬이 아니면서 어떻게 4위를 할 수 있었는지 신기할 따름이다.

한반도에 있는 수많은 섬 중에서 가장 큰 섬은 제주도다. 하지만 다음으로 큰 섬이 무엇이냐고 물으면 선뜻 생각이 나지 않는다. 제주도는 섬으로 인식하는 반면, 다른 섬들은 내륙과 붙어 있어 구분하기 쉽지 않기 때문이다. 현재 내륙과 연결된 섬의 규모로는 거제도가 가장 크다고 볼 수 있다. 더불어 거제도에 거가대교가 설치되면서 교통이 매우 편리해졌는데, 십수 년 전만 해도 배를 타야 출입이 가능했을 만큼 교통이 매우 불편한 도서 지역 중 하나였다. 그래서 과거 한반도의 섬은 대부분 죄인을 가둬 놓는 유배지로 활용됐다. 들어가기 힘들면 나오기도 힘든 만큼 섬에 격리해 관리하고자 했다.

대표적으로 조선 19대 숙종은 우암 송시열을 이곳 거제도에 유배를 보내기도 했다. 훗날 송시열이 죽자 그를 기리기 위해 거제도에는 반곡서원이 세워졌는데, 서원이란 유교적 가르침을 충실히 따랐던 성인들을 위해 제사를 지내고, 가르침을 배우기 위해 세워진 기관이었다. 여담으로 서원과 향교에 한 번쯤 들어본 적이 있을 것이다. 두 장소는 조금씩 다른 역할을 하고 있는데, 서원이 지방사립대학교라면 향교는 지방국립대학교 개념으로 지역을 대표하는 대학교 정도로 이해하면 좋을 것 같다. 이처럼 과거 유배지의 역할을 했던 거제도는 20세기에 들어와 포로를 수용하는 장소로 바뀌었다. 그리고 이곳에 전쟁 포로를 가두기 위해 '거제 포로수용소'가 세워졌다.

1950년 6월 25일 새벽 4시, 북한은 대대적으로 기습 남침을 감행했다. 수도 서울이 3일 만에 함락되고, 약 1달 만에 낙동강 방어선을 제외한 모든 영토가 점령당했다. 국군은 필사적으로 북한군을 막아냈으나 중과부적이었다. 이후 UN군의 인천 상륙이 성공하면서 국군은 북진하기 시작했고, 통일이 얼마 남지 않은 것처럼 보였다. 하지만 중공군의 개입으로 전세는 다시 역전되었고, 1·4후퇴 이후 38도선에서 양측의 치열한 공방전이 오고 갔다.

이때부터 각 나라는 사활을 걸고 전투에 임했다. 전투에서의 승리는 곧바로 자국의 영토로 인정되었기 때문에 한 치도 물러서지 않았다. 그리하여 국군이 승리할 때마다 북한군의 포로도 자연스레 늘어났는데, 이들을 철저하게 관리해야 할 필요성이 제기되었다. 1950년 7월 대전 형무소에 5명의 포로를 수용했던 것을 시작으로 인천상륙작전 이후 그 숫자는 폭발적으로 늘어났다. 그래서 이들을 고립된 섬으로 옮기기 위해 1950년 말부터 거제도 고현, 수월지구를 중심으로 약 천 이백만㎡의 포로수용소가 설치됐으니 그게 바로 거제 포로수용소인 것이다.

　이곳에는 북한군 15만 명, 중공군 2만 명, 의용군 3천 명 등 최대 17만 3천 명이 포로로 수용됐다. 문제는 포로수용소가 국군, UN군의 관리·감독하에 자치제 방식으로 운영되었다는 것인데, 전쟁이 길어질수록 수용소 안에서도 북한으로 돌아갈지, 대한민국에 남을지를 놓고 반공포로와 친공포로로 나뉘어 대립했다. 반공포로들은 그저 북에 살았다는 이유만으로 강제 징집되어 온 경우들이 많았고 심지어 북으로 돌아가길 주저하는 사람도 있었다. 하지만 친공포로들은 공산당의 이념에 따라 북한 정권을 찬양하는 사람들이었다. 그렇기 때문에 당시에는 서로 유혈사태가 벌어질 정도로 다툼이 극심했는데, 이 문제는 단 한 사람으로 인해 걷잡을 수 없이 커지기 시작했다. 바로 북한군 대좌 이학구였다.

　이학구는 북한군 13사단 참모장으로 활동했다. 13사

단은 6·25전쟁이 발발하고 북한군 선봉에 서서 낙동강 전선까지 진격했던 부대였으나 UN군의 인천상륙작전으로 부대가 고립될 처지에 놓였다. 당시 13사단 사단장이었던 홍용진은 UN군의 공세에도 최대한 버티고자 했으나 이학구는 조금이라도 빨리 후퇴하여 전열을 재정비하길 원했다. 서로 옥신각신하며 의견을 좁히지 못하던 찰나 이학구가 홍용진의 팔에 총을 쏘고 도망치는 사건이 발생했다. 그곳을 벗어난 이학구는 다부동 인근에서 대기 중인 미군에게 투항했는데 자신은 북한군 고위급 장교이니 적절한 대우를 받을 것이라 여겼다. 여차하면 전향하여 북한군을 대상으로 전쟁에 참여할 계획도 세웠다.

20대 후반의 젊은 나이에다가 북한군 대좌였기에 미군에게도 그의 가치는 상당했다. 미군에 투항한 이학구는 북한군의 동태와 정보와 함께 북한군이 불법적으로 남침한 것을 증명해 주는 작전명령 제1호 등 중요한 정보를 제공하기 시작했다. 그러나 미군은 이학구의 기대와 달리 그를 거제도에 있는 포로수용소로 보내버렸고, 국군은 귀순 의사를 밝힌 이학구에게 관심조차 없었다.

휴전협정이 진행되는 동안 다른 포로수용소에 있는 반공포로들은 석방되었으나 거제 포로수용소에 있는 반공포로들은 석방되지 못했다. 1952년 포로들 간의 이념

분쟁은 점차 격화되고 있었고 마침내 친공포로들의 불만
이 폭발하게 된다. 친공포로들은 이학구를 대장으로 추대
하고, 수용소 사령관이던 프랜시스 도드 미 육군 준장을
납치해 대대적으로 폭동을 일으켰다. 이학구는 포로들의
대우를 개선해 줄 것, 자유의사에 따라 포로를 송환하는
것을 중지, 포로대표위원단을 인정해 달라고 요구했다.

　당시 UN군은 포로가 돌아갈 국가를 선택할 수 있게
자발적 송환 원칙을 제시했다. 그러나 북한은 포로의 국
적에 따라 무조건 북한으로 송환되는 강제적 원칙을 고
집했다. 이런 의견이 수용소 안에 있는 포로들 사이에서
도 각자의 입장과 상황에 따라 나뉘게 되니 다투게 된 것
이었다. 그렇게 친공포로들은 미군과 대치하였고 폭동은
한 달간 이어졌다. 그 사이에 친공포로들은 인민재판을
벌여 반공포로들을 처형했으며, 당시 즉결심판으로 처형
당한 포로들만 105명에 달했다.

　폭동의 기세는 매우 거셌으나 미군도 가만히 있지
않았다. 육군 병력 천 명을 투입해 포로들을 진압하려 하
였는데, 반공포로들은 미군을 도와 친공포로들을 진압하
는 데에 보탬이 되고자 했다. 포로수용소는 수많은 총알
과 수류탄이 날아들며, 전쟁터를 방불케 할 정도로 아비
규환이었다. 큰 소란을 겪고 난 이후 도드 장군이 극적으

로 구출되자 폭동도 결국 진압되었고, 사건 직후 UN군 사령부는 친공포로와 반공포로를 분리 조치했다.

1953년 7월 27일 대한민국과 북한은 휴전협정에 동의했다. 약 3년간 벌어진 전쟁에 드디어 마침표를 찍은 것이다. 휴전 직후 두 나라는 포로를 교환했다. 친공포로들은 북으로 돌아갔으며, 반공포로들은 대한민국에 남았다. 모든 포로가 빠져나가자 거제 포로수용소 역시 폐쇄됐다.

그로부터 약 50년 만인 2002년 거제도 포로수용소 유적공원이 완공됐다. 1950관을 비롯해 평화파크, VR 체험관 등이 개장되었고, 17만 명에 달하는 포로들을 위한 취사장 내부, 변소 아래 놓인 변기통, 인민재판으로 처형당한 반공포로들의 모습 등 당시 포로수용소의 생활을 생생하게 재현했다. 원래의 크기에는 한참 못 미치는 약 20분의 1 수준으로 축소되었으나 굉장히 현실적인 모습들을 담아내고 있다. 17만 명이라면 웬만한 중소도시 인구와 맞먹는 수준이다. 그들이 어떻게 그곳에서 생활하고 있었는지 생생한 역사의 현장으로 들어가 보자.

음식이 식기 전에 알아보는
1분 식도락 역사: 경상도

기근을 해결해 준 '고구마'

1763년 조선은 오랜 기근으로 먹을 게 부족했다. 계속되는 흉작으로 농사를 망친 데다 정성스럽게 재배한 작물도 대부분 메말라 죽었다. 계속되는 기근으로 골머리를 앓던 영조는 쓰시마섬에서 새로운 작물이 발견됐다는 소식을 들었다. 이에 조선통신사 조엄에게 일러 어떤 작물인지 찾아보라는 어명을 내렸고, 조엄은 곧바로 쓰시마섬으로 출발했다.

조엄이 쓰시마섬에 도착하자 사람들이 똑같은 음식을 손에 들고 있는 것을 볼 수 있었다. 난생처음 보는 음식이 너무 신기했던 조엄은 한 농부에게 음식 이름이 무엇인지 물었다. 농부는 자신들의 기근을 해결해 준 작물이고 이름은 '고코이모'라고 답했다. 원래 이름도 없던 작물이었으나 노모를 봉양했던 한 청년의 효행을 기리며, 고코(=효행)와 이모(=뿌리)를 합쳐 붙인 이름이라고 했다.

조엄은 이 소식을 듣고 크게 반가워했다. 조선의 기근을 끝내 줄 작물이라 생각한 것이었다. 이내 고코이모를 조선으로 가지고 들어와 동래성 및 제주도 인근에 심게 했다. 그리고 이 작물을 어떻게 재배할 수 있는지 《해사일기》에 상세히 기록해 두었다. 훗날 조선에서 이 작물은 '고귀위마'라는 이름이 붙었고, 세월이 흐르면서 자연스럽게 이름이 변하여 '고구마'가 되었다.

3장

충청도

17시간 만에 왕릉 발굴 작업 순삭?
'송산리 고분군(공주 무령왕릉과 왕릉원)'

위치
충남 공주시 왕릉로 37

운영시간
매일 09:00~18:00(17:30 입장 마감, 설날, 추석 당일 휴무)

입장료
대인 3,000원, 청소년/군인 2,000원, 어린이 1,000원

2015년에 공주시·부여군·익산시의 유적지 8곳이 유네스코 세계문화유산으로 선정됐다. '백제역사유적지구'는 약 680년간 이어져 온 백제의 역사가 온전히 남아있는 곳으로서 서울 풍납토성과 몽촌토성, 공주와 익산의 유적지들이 추가로 등재 요청되었지만 선정되지 못했다.

이곳에서 백제의 유물과 유적들이 대거 발견된 이유는 뭘까? BC18년 백제를 건국한 온조왕은 고구려에서 남하해 위례성을 수도로 삼았다. 이때부터 위례성은 약 500년간 백제의 수도로서 기능했으나 고구려의 잦은 공격을 받았다. 그래서 백제는 고구려의 압박을 피해 공주를 수도로 정하고, 대대적인 천도를 단행했다. 그 후 475년부터 538년까지 공주는 백제 웅진 시대의 수도로서 많은 역할을 했으며 25대 무령왕 시기가 되어서야 안정을 찾을 수 있었다. 이후 백제는 나라의 중흥과 왕권 강화를 위해 부여로 천도를 단행했으며, 538년부터 백제가 멸망한 660년까지 부여는 백제 사비 시대를 대표하는 수도가 됐다.

당시 한강 유역은 삼국에 있어 가장 중요한 군사적·전략적 요충지였고, 백제도 국가적 숙원사업으로 한강 유역을 완전히 장악하고 싶어 했다. 그래서 더 남쪽으로 내려와 국가를 안정시키고 신라·가야와 연합해 고구려에 대항하기 시작했다. 더불어 백제의 정통성을 확보하고 곡창지대가 많은 호남지역을 적극적으로 개발해 북진을 위한 발판으로 삼았다. 그리하여 백제는 나라가 건국된 위례성을 과감히 포기하고 공주와 부여로 천도했던 것이다.

일제강점기 당시 충남 공주시 송산리 부근에서 수많은 고분이 차례대로 발견됐다. 1호분부터 6호분의 발굴을 두고 사람들은 백제왕의 무덤이라고 생각했다. 관리 상태가 엉망인 데다 대부분 도굴된 상태였는데, 누구의 묘인지 불분명했기 때문에 시기가 언제인지도 정확히 알기 어려워 방치된 상태로 있었다.

1971년 7월 5일, 장맛비로 6호분에 물이 새기 시작했다. 비가 새는 걸 막기 위해 6호분 안에 인부를 투입하여 보수공사를 진행하던 도중 인부의 삽에 단단한 무언가가 부딪혔다. 자세히 살펴보니 현대 만들어진 돌이 아니라 흙을 구워 만든 벽돌이었다. 인부들은 곧바로 공사 책임자였던 김영배 국립공주박물관장에게 이 소식을 알렸다. 놀란 가슴을 쓸어안고 급하게 현장을 방문한 김영배 관장은 인부가 지목한 벽돌을 조금씩 떼어내기 시작했다. 처음에는 6호분과 매우 가깝게 붙어 있어 6호분의 다른 입구인 줄로만 알았으나 그 실체가 드러나자 김영배 관장을 비롯한 여러 사람은 6호분이 아님을 직감할 수 있었다. 7월 7일 김원용 국립중앙박물관장과 발굴단은 고분군에 도착해 빗물이 고이지 않도록 배수구 공사부터 서둘렀다. 이튿날 막혀 있던 입구를 뚫고 안으로 들어가자 안쪽 벽면에는 "영동대장군백제사마왕"이라고 적혀있었다. 그리고 "62세 되던 계묘년에 붕어하시어 을사년에 예를 갖춰 안장하고 이를 기록한다."라고 적혀 있었다. 백제 제25대 무령왕의 무덤이 발견된 역사적인 순간이었다.

당시에는 삼국시대 여러 왕릉과 고분에는 기록이 없어 누구의 것인지 알기 어려웠다. 하지만 무령왕릉에는 묻힌 사람이 누구인지 상세히 적혀 있었고, 왕비도 같이 묻혀 2개의 무덤이 존재했다. 그런데 이 소식을 어떻게 접했는지 7월 8일 조간신문에 특종기사로 보도가 되면서 이를 취재하려는 기자들과 왕릉을 구경하려는 주민들이 뒤엉켜 북새통을 이루기 시작했다. 무령왕릉을 취재하기 위해 기자들이 막무가내로 진입하려 하자 유물 훼손을 우려해 주변을 통제했음에도 기자들은 지키지 않았다.

제대로 관리가 되지 않으니 각종 유물이 훼손되었음은 물론, 구경하러 온 시민들을 통제하는 경찰들도 구경하고 싶다며 들어가는 대참사가 벌어졌다. 원래 유적지 발굴이라는 것은 수십 년에 걸쳐서 이루어질 만큼 고된 작업이다. 유물이 손상되어 무엇을 의미하는지 제대로 파악하지 못한다면 우리는 과거의 역사에 대해 알 길이 없다. 그러나 당시에는 사전 준비와 발굴에 대한 기준이 없었기 때문에 이러한 문제가 발생했던 것이었다. 상황이 진정되자 발굴팀을 2개로 나누어 한쪽은 왕, 한쪽은 왕비를 발굴하기 시작했으나 발굴 작업은 전 세계 유례가 없을 정도로 짧은 시간인 17시간 만에 끝이 났다. 출토된 유물들을 급하게 자루에 담아 서울로 가지고 가기 위함이었다.

무령왕릉 발굴에 참여한 사람들 사이에서 떠돌았던 이야기가 있다. 본래 유물을 호송할 경우 삼엄한 경비 병력과 함께 이송되는데, 당시에는 그런 기준이 없었기에 고속버스에 유물을 담아 서울로 올라왔다. 발굴 당일에는 엄청난 폭우가 쏟아졌으며, 이동 중에 원인 모를 사고로 여러 사람이 다치기도 했다. 더불어 당시 발굴단장은 갑작스레 빚더미에 앉아 집이 넘어가는 일도 있었으며, 남의 차를 빌려 무령왕릉으로 가다가 아이를 치기도 했다. 사람들은 이때 벌어진 일련의 사건들을 무령왕릉의 저주라고 수군거렸다.

그때 발굴 작업에 참여했던 관계자들은 이때가 가장 후회스럽다고 한다. 발굴 작업 절차에 대해 제대로 아는 게 없었기 때문이었다. 그도 그럴 것이 일제강점기에 발굴된 한반도 유적지 발굴은 대부분 일본 학자들이 진행했다. 이마저도 발굴 과정에서 훼손하거나 방치를 하는 경우도 많았는데, 독립 후 모든 일본인이 출국하는 바람에 국내에 남은 고고학 발굴 전문가가 전무한 상태였다. 17시간이라는 믿기 힘든 발굴 작업 기록을 세웠지만, 이를 반면교사 삼아 오늘날에는 굉장히 체계적으로 모든 발굴 작업이 진행되고 있는 점은 다행스러운 부분이 아닐까 한다.

평강공주와 바보 온달 이야기
'온달산성'

위치
충북 단양군 영춘면 온달로 23(온달 관광지)

운영시간
하절기 3월~11월 09:00~18:00(17:00 입장 마감)
동절기 12월~2월 09:00~17:00(16:00 입장 마감)

입장료
대인 5,000원, 청소년 3,500원, 어린이 2,500원, 경로 1,500원

어려서 많이 접했던 동화 중 〈평강공주와 바보 온달〉 이야기를 들어본 적이 있을 것이다. 공주가 바보에게 시집을 갔는데, 훗날 그 바보가 나라를 구한다는 이야기다. 바보가 나라를 구했다는 것 때문에 사람들은 평강공주와 바보 온달 이야기를 실화가 아닌 동화로 알고 있는 경우가 더 많다. 그러나 이 이야기는 김부식의 《삼국사기》에 기록된 100% 실화를 바탕으로 한다. 심지어 바보 온달의 이야기는 '《삼국사기》 권 제45 열전 제5 온달'이라는 이름으로 별도의 열전까지 있을 만큼 역사적 위인으로 기록되고 있다. 처음에 바보라고 알려진 온달은 어떻게 역사에 이름을 남기게 된 것일까?

559년 고구려 25대 평원왕의 딸 평강공주는 어려서부터 툭하면 울기만 했다. 그래서 평원왕은 공주가 울 때마다 바보 온달에게 시집 보낼 것이라고 장난을 쳤는데, 온달은 고구려 안에서도 못생긴 외모 때문에 자주 비웃음을 당하던 인물이었다. 그러나 왕의 바람과 달리 공주는 온달 이름만 들으면 울음을 뚝 그치곤 했는데, 귀에 딱지가 앉을 정도로 온달 이야기를 듣고 자랐던 공주는 점점 호기심을 가지기 시작했다. 왕은 그저 딸을 놀리려고 생각 없이 뱉은 말이었지만 말은 씨가 된다고 했던가.

어느덧 세월이 흘러 공주도 혼인할 시기가 되었고, 왕은 공주를 귀족 가문에게 시집 보내려 하였다. 하지만 공주는 자신이 울 때마다 온달에게 시집 보내겠다고 했으니 온달에게 시집을 가겠다고 생떼를 부리는 것이 아니겠는가. 왕도 처음에는 공주가 자신을 놀리기 위해 장난을 친다고 생각했으나 공주의 마음은 진짜였다.

인내심에 한계가 온 왕은 온달에게 시집가겠다는 공주의 태도에 너무 화가 났다. 그래서 그 자리에서 온달과 결혼하고 싶다면 궁에서 나가라고 공주에게 호통을 쳤는데, 공주 역시 자신에게 내뱉은 말을 아버지가 지키지 않았다고 여겨 화가 났다. 자신은 정말 온달에게 시집가는 것으로 믿고 있었는데 왕이 거짓말을 했다고 생각한 것이다. 공주는 아버지가 궁에서 나가라는 말도 진짜라고 생각했고, 결국 자신이 가지고 있는 금은보화와 패물 등을 챙겨 그대로 궁을 떠났다.

그렇게 궁에서 나온 공주는 마침내 온달의 집에 도착했다. 그러나 온달의 집에는 온달의 어머니만 덩그러니 앉아 있을 뿐, 그 어디에서도 온달의 기척은 느낄 수 없었다. 공주가 어머니에게 절하며 며느리로서의 예를 올리곤 온달의 행방을 묻자 인근 산에 올랐다는 답변이 돌아왔다. 곧바로 산에 오른 공주는 그곳에서 나무 껍데기를 벗겨 먹고 있던 온달과 마주쳤는데, 소문대로 바보 같은 행색을 한 온달의 모습을 보자 웃음이 났다. 이내 자신은 평원왕의 딸이며 온달과 혼인을 하기 위해 궁에서 나왔음을 통보했다.

하지만 온달은 웬 여성이 자신의 앞에 나타나 혼인을 청하는 것이 너무 당황스러웠다. 그는 자신이 바보라는 걸 알고 또 누군가 장난을 치는 거라고 생각했다. 온달은 공주의 청을 단박에 거절했으나 며칠을 매달린 끝에 공주는 온달을 설득할 수 있었고, 온달 역시 공주의 마음을 받아들이기로 했다.

공주는 온달과 어엿한 부부가 되자 자신의 남편이 바보라고 불리길 원치 않았다. 그래서 궁에서 나올 때 가지고 나온 패물을 팔아 집과 땅, 노비 등을 사들였고, 남은 돈으로 비루한 말 한 필을 사들여 열심히 키우기 시작했다. 사람들은 비루한 말을 사서 괜한 고생을 한다고 생각했으나 공주는 모두의 우려를 비웃기라도 하듯 훌륭한 말로 탈바꿈시켰다. 그리고 말이 다 컸다고 판단한 공주는 남편 온달을 고구려 최고의 장군으로 만들기 위해 노력했다.

고구려에서는 매년 대대적으로 진행되는 국가 행사가 있었다. 왕이 직접 주최한 사냥 대회로서 매우 성대하

게 치러졌는데, 고구려에서 무예가 뛰어나고 말을 잘 타
는 인재를 뽑기 위한 대회이기도 했다. 온달도 공주의 내
조 덕분에 대회에 참가할 수 있었고, 마침내 압도적인 실
력으로 경쟁자들을 물리치며 1등이 됐다. 왕은 직접 시상
대로 나아가 상을 내리며 온달의 공로를 치하했다. 그때
까지도 온달이 그 바보 온달인지 몰랐던 왕이 이름을 묻
자, 온달은 솔직하게 자신의 이름을 밝혔다.

　왕은 온달의 이름을 듣고 놀라움을 감출 수 없었다.
사랑하는 딸을 놀리려고 써먹었던 바보 온달이 바로 자
신의 앞에 서 있었기 때문이다. 궁을 떠난 딸의 소식을 간
간이 듣긴 했으나 정말 온달과 혼인했을 줄은 몰랐던 것
이다. 설사 혼인을 했다고 해도 공주가 온달을 이렇게 훌
륭한 장수로 키워냈다는 것이 더욱 놀라웠다. 하지만 왕
은 온달을 자신의 사위로 쉽게 인정할 수 없었다. 정식으
로 맺어진 혼인 관계도 아닐뿐더러 이 모든 상황이 너무
갑작스러웠기 때문이었다.

　한편 당시 중국은 남북조 시대로 나뉘어 매우 혼란
스러운 시기를 보내고 있었고, 북부지방을 통일한 북주의
무제는 대륙 통일의 위업을 달성하기 위해 혈안이 되어
있었다. 그래서 후방에서 자신을 위협하는 고구려를 사전
에 괴멸시키고자 했다. 그리하여 고구려를 정복하기 위해

대대적으로 군사를 파병함에 따라 평원왕 또한 직접 군사를 이끌고 이산 벌판으로 나아갔다. 북주의 기세가 워낙 날래고, 드세다 보니 고구려도 점점 밀리는 양상을 보였으나 누구 하나 나서는 장수가 없었다. 때마침 이 상황을 가만히 지켜보던 온달이 왕에게 선봉으로 내세워 줄 것을 요청했다. 왕은 못내 탐탁지 않으나 믿을 것은 온달뿐이라 이내 군사를 내어 주고 맞서게 했다.

모두의 걱정과 달리 온달은 기병 수십 기를 이끌고, 북주군을 향해 맹렬히 돌진했다. 질풍과도 같은 기세에 눌린 북주군은 온달과 마주하자 혼비백산 놀라 도망가기 바빴고, 온달은 이 틈을 타 군사 수십 명의 목을 베었다. 온달의 전투 광경을 지켜보던 고구려 군사들의 기세가 크게 올랐다. 왕은 곧바로 전군에게 총공격 명령을 내렸고, 북주군은 이산 벌판에서 대패했다.

북주군이 물러가자 왕은 공적을 따져 상벌을 치하하고자 했다. 그리고 누가 최고의 공을 쌓았는지 묻자 모두 바보 온달이 나라를 구했다며 칭찬했다. 마침내 왕도 온달의 무용을 치켜세우며 자신의 사위로 정식 인정하였고, 벼슬까지 내렸다.

590년 평원왕이 승하하며 평강공주의 오빠가 다음 국왕으로 등극했으니 그가 바로 고구려 26대 영양왕이

었다. 영양왕은 남진 정책을 추진하며 신라와 일전을 준
비했는데, 당시 한강 일대는 군사적 요충지라 많은 전투
가 벌어졌다. 영양왕 또한 신라군에게 뺏긴 한강 유역 일
대를 수복하기 위해 출정 명령을 내렸고, 온달은 선봉장
으로서 군사를 이끌고 남하하기 시작했다. 온달은 도성을
떠나며 신라군을 토벌해 우리 고구려의 영토를 되찾지
못한다면 살아서 돌아오지 않겠다고 다짐했다.

　　전장에 도착한 고구려군은 온달의 활약으로 신라군
을 점차 밀어내기 시작했다. 아단성에 이르러 온달이 앞
으로 나아가던 것도 잠시, 어디선가 날아온 신라군의 화
살에 일격을 맞은 온달이 그 자리에서 전사하고 말았다.
용감하기 이를 데가 없던 온달이었지만 불시에 날아온
화살을 알아채지 못한 결과였다. 온달이 전사하자 고구려
군은 퇴각할 수밖에 없었고, 전투 중에 전사한 온달의 시
신을 수습하려 했다. 그러나 관에 보관 중인 온달의 시신
이 땅에서 떨어질 기색조차 없이 옴짝달싹 꿈쩍도 하지
않았다.

　　평강공주는 남편인 온달이 죽었다는 소식을 듣자 한
걸음에 전쟁터로 달려왔다. 사랑하는 남편의 사망으로 슬
픔이 눈앞을 가렸다. 하지만 온달의 관을 옮겨야 병사들
도 그곳을 벗어날 수 있었기 때문에 그녀는 마음을 다잡

았다. 이윽고 공주는 온달이 누워있는 관을 어루만지며, "탄생과 죽음이 이미 결정되었으니 이만 돌아가시지요." 라며 울면서 애원했다. 공주의 간절한 목소리가 온달의 가슴에 닿았을까? 그제야 시신이 담긴 관이 땅에서 떨어지며 움직였고, 고구려 군사들은 온달과 함께 돌아올 수 있었다. 이 소식을 들은 영양왕도 크게 슬퍼했으며, 온달의 시신이 고구려로 돌아오자 후히 장사를 지내 주었다.

 충북 단양에 가면 온달과 평강공주의 이야기를 '온달 테마공원'으로 조성했다. 드라마 〈연개소문〉 세트장도 있어 볼거리를 더해 주는데, 바로 옆에는 온달동굴도 있어서 이곳 테마공원을 전부 구경하는 데에는 약 2시간 정도 소요된다. 더불어 온달이 전사했다고 해서 이름 붙여진 온달산성은 산 위에 있기에 직접 눈으로 보고 싶다면 약 1시간 정도 등산을 해야 한다. 그러나 정상에서 내려다본 풍경은 그 어느 곳을 비교해도 부족함이 없으니 한 번쯤 올라가 보는 것도 좋다.
 최근 연구결과에 따르면 온달이 사망한 아단성이 서울 광진구에 있는 아차산성이라는 이야기가 있다. 아직 서로 논의 중인 사항들이라 정확하게 결정이 난 것은 없으나 예전부터 온달이 사망해 평강공주와 남긴 가슴 절

절한 사랑 이야기는 이곳 단양을 배경으로 하고 있다. 온
달과 평강공주의 사랑 이야기가 궁금하다면 이곳을 방문
해 보자.

수위가 내려가야 모습을
드러낸다는 그곳 '도담삼봉'

위치
충북 단양군 매포읍 삼봉로 644

운영시간
매일 09:00~18:00(연중무휴)

입장료
무료

  단양에는 수많은 동굴과 유적지가 있고, 예부터 관광
자원이 발달해 연간 관광객이 1천만을 웃돌고 있다. 석회
암 지형 특유의 아름다운 동굴이 즐비하며 패러글라이딩
의 성지로서 많은 사랑을 받는 곳인데, 단양을 대표하는
8곳, 즉 단양팔경은 전국 그 어느 관광지보다 아름답다.
팔경 중에서 가장 주목을 받는 곳은 단연 도담삼봉이다.

  도담삼봉은 절경이 매우 특이하고 아름답다. 조선 후
기 단양군수를 지냈던 퇴계 이황을 비롯해 추사 김정희,
단원 김홍도, 겸재 정선 등, 당대 인사들이 도담삼봉을 배
경으로 많은 시와 그림을 남겼다. 무엇보다 조선의 개국
공신인 정도전은 자신의 호를 '삼봉'이라고 할 정도로 이
곳을 무척 아꼈는데, 도담삼봉에는 3개의 봉우리가 우뚝
솟아 묘한 기분을 느낄 수 있게 만들어 준다. 그래서 예부
터 도담삼봉에는 재미난 설화가 많이 전해지고 있는데,
그중 하나를 소개하고자 한다.

  당시 강원도 정선읍 봉양 7리에는 적거리라는 마을
이 있었다. 이곳은 정선에서도 가장 살기 좋은 마을이라
고 소문난 곳으로, 마을 앞에는 가지런하게 우뚝 솟은 세
봉우리의 산이 있었다. 그래서 마을 사람들은 이곳을 삼
봉산이라 불렀는데, 삼봉산 절벽 아래로는 조양강의 맑은

물이 흘러 보는 사람마다 감탄을 금치 못할 정도로 경치가 대단했다.

1605년 적거리 마을에 큰 홍수가 일어나 삽시간에 온 마을을 집어삼킨 일이 있었다. 그러나 다음 날 아침 정신을 차린 마을 주민들은 어안이 벙벙했다. 마을을 지켜주던 삼봉산이 하룻밤 사이에 감쪽같이 사라진 것이다. 적거리 사람들은 곧장 사라진 삼봉산을 찾기 위해 장정 5명을 뽑아 산을 찾고자 했다. 보름쯤 지났을까. 모두 포기하고 돌아가려던 그때 그토록 헤매도 보이지 않던 삼봉산이 모습을 드러냈다. 수색을 포기하고 돌아가려던 장정들은 너무 기쁜 나머지 삼봉산이 있는 곳까지 한달음에 달려갔다.

삼봉산이 우연히 자리 잡은 그곳 마을 사람들도 삼봉산을 보며 감탄하기는 매한가지였다. 장정 중 하나가 산을 구경하고 있는 사람에게 위치를 묻자 단양이라는 답변이 돌아왔다. 단양과 정선은 서로 먼 거리에 있었기 때문에 장정들이 아무리 힘이 좋다 한들 산을 옮길 수는 없는 노릇이었다. 장정들은 그나마 삼봉산을 찾았다는 걸 다행으로 여기곤 정선으로 되돌아가고자 했다.

한편 장정들이 적거리에 도착해 단양에서 있었던 일을 이야기하자 말을 전해 들은 적거리 사람들도 뾰족한

수가 없어 어찌할 바를 몰랐다. 마을의 재산인 산을 옮겨 올 수 없는 상황이라 그저 전전긍긍할 뿐이었다. 마을 사람이 모여 몇 날 며칠을 고심한 끝에 좋은 방법이 하나 떠올랐다. 산이 단양으로 갔으니 단양 사람들에게 세금을 받자는 것이었다. 좋은 해결 방법이라고 생각된 적거리 사람들은 곧바로 단양으로 출발했다.

적거리 사람들은 도착하자마자 단양 사람들과 논의를 시작했다. 원래부터 적거리에 있었던 마을의 재산인 만큼 매해 가을에 산세를 걷어 자신들에게 달라고 했다. 단양 사람들은 적거리 사람들의 제안에 크게 당황했으나 못 이기는 척 제안을 받아들였고, 매해 가을마다 적거리에서 사람이 오면 곡식을 걷어 세금처럼 주었다.

그러던 어느 날, 적거리 사람들이 방문했으나 그해 농사가 잘 안됐고 세금으로 줄 만큼의 곡식을 마련하지 못했다. 그래서 단양 사람들은 조금 더 말미를 주면 십시일반 모아서 주겠다고 약속했다. 그러나 적거리 사람들은 처음 약속한 날짜를 맞추지 못한 것에 화가 났고, 결국 두 마을 사람들은 세금을 주네, 마네 하며 싸우기 시작했다. 서로의 입장만 주장할 뿐 좀처럼 좁혀지지 않던 찰나, 때마침 5~6살 정도 되어 보이는 동자가 갑자기 나타났다.

마을 사람들의 다툼을 가만히 지켜보던 동자가 이르

기를, "삼봉산은 자기 발로 걸어왔는데, 당장 우리가 줄 곡식은 없으니 차라리 도로 가져가세요."라고 하는 것이 었다. 어린아이의 당돌한 발언이었지만 적거리 사람들은 꿀 먹은 벙어리가 되었다. 딱히 그 말에 대답할 만한 답변 이 떠오르지 않았기 때문이다. 두 마을 사람들은 어린아 이를 앞에 두고, 어른으로서 아량을 베풀지 못한 모습을 너무 부끄러워했다는 설화가 전해지고 있다.

훗날 도담삼봉을 본 정도전은 자신의 호를 삼봉의 이름을 따서 지었다고 하는데, 정선 적거리 사람들의 이 야기는 정도전이 활약했던 시기보다 약 300년이 지난 17세기의 일이다. 다소 앞뒤가 맞지 않는 이야기지만 도 담삼봉과 얽힌 다른 민간전승 설화에는 이 이야기 속 동 자가 정도전이었다는 설도 있다. 정도전의 기개와 명석함 이 어릴 때부터 여실히 드러난 대목이다.

실제 도담삼봉은 충주댐이 완공되고 물에 반쯤 잠긴 모습을 하고 있다. 과거에는 강 수위가 낮아지면 다 붙어 있는 모습도 볼 수 있었는데, 가장 높은 봉은 아버지 봉, 좌우 봉은 아들 봉과 딸 봉이라고 한다. 아버지 봉에는 삼 도정이라는 정자가 있으며 18세기 즈음 지어졌다. 이후 19세기부터 20세기까지 헐렸다가 지어지길 반복했는데,

오늘날 삼도정의 모습은 1970년대 지어진 정자이다. 이곳은 배를 타고 관람할 수 있으나 직접 올라가는 것은 어려우니 관광 일정에 참고하자.

도담삼봉은 단양을 대표하는 관광명소로서 단양군의 심벌마크다. 푸른 숲과 나무들 그리고 맑은 하늘에 구름이 한데 어우러진 날에는 그곳에 서서 가만히 지켜만 봐도 기분이 좋아진다. 최근에는 도담삼봉을 배경으로 별도의 포토존까지 만들어 두었다고 한다. 그리고 도담삼봉 관광지 끝부분의 계단 길을 오르면 단양팔경 중 하나인 석문도 있으니 함께 방문해 보자. 오르는 길은 매우 가파르나 석문을 올라가는 길에만 볼 수 있는 또 다른 경치가 여러분을 기다리고 있다.

왜군의 총탄에 쓰러져 간
조선 병사들의 처절한 전투
'탄금대'

위치
충북 충주시 탄금대안길 105

운영시간
24시간 운영(연중무휴)

입장료
무료

1592년 임진왜란이 발발하자 조선 정부는 왜군의 북상을 막기 위해 분주했다. 이윽고 북방 여진족을 토벌하며 용맹을 떨친 신립을 방어군 총사령관으로 결정했다. 곧바로 삼도 순변사로 임명된 신립은 임금의 권한을 상징하는 상방검을 선조로부터 하사받았다. 선조 역시 신립에게 거는 기대가 대단했다는 뜻이었다. 신립은 곧장 군사를 이끌고 북상하는 왜군을 막기 위해 남하하기 시작했다. 하지만 충주 달천평야에 이르자 진격을 멈추곤 드넓은 평지에서 왜군을 상대하고자 했다.

신립이 북방 여진족을 토벌할 당시 조선 기병대는 공포 그 자체였다. 신립은 북방에서 여진족을 영혼까지 탈탈 털어버렸던 화려한 전적이 있었기 때문에 왜군을 상대로도 자신감이 있었다. 달천평야에서 기병을 앞세운 빠른 공격을 전개한다면 충분히 승산이 있다고 판단했다. 그리고 이때 벌어진 전투가 바로 탄금대 전투였다.

하지만 전투의 결과는 누구도 예상하지 못했을 만큼 조선의 대패였고, 신립은 그곳에서 분전하다 결국 전사했다. 당시 충주 백성들은 신립이 온다는 소식을 듣고 피난조차 가지 않았는데, 도리어 왜군들에게 무참히 짓밟히며 전투에서 패배했다. 어떻게 이런 일이 벌어졌을까?

신립은 숙련된 조선의 기병으로 여진족을 토벌한 경

험이 있어서인지 넓은 평야에서 왜군을 막고자 했다. 그래서 충주 달천평야에서 진을 치고 왜군을 기다렸으나 달천평야는 평지가 아닌 논밭이었다. 게다가 탄금대 전투가 벌어진 시기는 6월 장마철이었는데, 비가 와서 논밭이 질퍽거리니 기동성을 충분히 살릴 수 없었다. 그 결과 왜군은 별동대를 우회시켜 충주성을 먼저 함락시켰고, 신립의 부대를 격파하였으니 신립이 이끄는 조선군은 후퇴를 거듭하다 지금의 탄금대까지 밀려나 배수의 진을 쳤다. 그리고 왜군의 기세를 감당할 수 없었던 신립은 탄금대 낭떠러지에서 스스로 몸을 날려 투신했다.

당시 탄금대 전투에서 살아남은 병사들은 신립의 시신을 건져 후퇴하고자 했다. 병사들이 물에서 시신을 들어 올리자 신립의 얼굴은 두 눈을 부릅뜨고 있었는데, 전투에서 패배한 것이 못내 분한 듯 보였다. 마침내 경기도 광주에 이르러 신립을 위해 장사를 지낼 수 있었으나 그때부터 이상한 일이 발생했다. 사람들이 신립의 묏자리 근처를 지날 때마다 타고 있던 말들이 계속 쓰러지는 것이 아닌가. 요사스러운 일이 반복되자 한 선비가 신립의 묘지를 찾아갔다. 그리고는 죽어서도 백성들을 불편하게 만드냐며 호통을 쳤다. 그때 천둥소리가 크게 울리며 신립의 묘지 옆 바위에 벼락이 떨어졌다. 벼락을 맞은 바위

는 반으로 갈라졌고 옆에는 큰 연못이 생기면서 그 뒤로
는 이런 일이 발생하지 않았다. 훗날 사람들은 이 바위를
일컬어 곤지암이라 불렀고, 현재 경기도 광주시 곤지암
지명의 유래가 되었다.

또한 충북 충주시에 있는 탄금대는 충주 시민들에게
매우 소중한 장소로서 어렸을 때 누구나 한 번쯤은 탄금
대로 소풍을 가본 적이 있다고 한다. 조선 전기 지리지인
《신증동국여지승람》을 보면 "푸른 절벽은 낭떠러지로 높
이가 20여 길이고, 소나무와 참나무가 울창하다. 이곳에
서 우륵이 거문고를 타니 후세 사람이 탄금대라 하였다."
라고 적혀있다. 그만큼 역사적 가치와 함께 절정의 비경
을 관람할 수 있는 곳이 탄금대였다.

그런데 《신증동국여지승람》의 내용 중 "우륵이 거문
고를 타니 후세 사람이 탄금대라 하였다."라는 글귀가 눈
에 띈다. 가만 생각해 보면 탄금대라는 지명이 어떻게 생
겼는지 정확하게 아는 이는 드문데, 탄금대를 방문하면
신립의 탄금대 전투를 기리는 비석 하나와 우륵의 이야
기에 대한 비석이 하나가 더 있는 것을 알 수 있다.

우륵은 한국사 3대 악성 중 하나로서 음악의 경지가
성인에 이를 정도로 뛰어난 음악가였다. 고구려의 왕산

악·신라의 우륵·조선의 박연을 일컬어 우리나라 3대 악성이라 부르는데, 누가 이름을 만들어 붙였는지는 불분명하다. 다만 왕산악은 거문고, 우륵은 가야금, 박연은 조선 궁중음악의 수준을 더 높은 단계로 발전시켰다고 하니 3대 악성의 업적은 실로 대단하다고 볼 수 있다.

그중에서 탄금대와 깊은 연을 맺고 있는 우륵은 살아생전 가야국의 멸망을 예견하고 신라로 망명했다. 당시 신라 24대 진흥왕은 우륵이 망명하자 그를 성대하게 맞이했고, 충주에 우륵의 거처를 만들어 주었다. 우륵은 이곳의 경치에 크게 감복하며 늘 바위에 앉아 가야금을 타곤 했는데 사람들은 그 모습을 보고 '우륵이 금을 탄 곳'이라 해서 그때부터 탄금대란 지명이 생겼다. 훗날 우륵의 가야금 소리에 사람들이 모여들었고 마을을 이루었다.

《삼국사기》권 제32 잡지 제1 음악편의 우륵에 대한 기록에는 "가야국 가실왕이 이르길 여러 나라의 방언이 각기 다르니 음악이 한결같을 수 있겠는가?"라며 우륵에게 12곡을 만들게 했다고 적혀 있다. 가실왕은 가야국의 혼이 담긴 새로운 악기를 만들어 연맹으로 쪼개진 가야를 더 부강하게 만들고자 했다. 하지만 가실왕의 바람과는 다르게 가야는 562년 신라의 공격을 받고 멸망하고 말았다. 삼국유사의 기록에는 이 가야국이 대가야로 기록되어 있다.

대가야는 경상북도 고령을 근거지로 세력을 확장했고, 고령군은 이를 근거로 관광자원 활용 차원에서 우륵 박물관을 건립했다. 더불어 지명 또한 고령읍에서 '대가야읍'이라고 바꾸기도 했는데 고령 입장에서는 우륵이 활약했던 나라가 대가야국이니 지명을 대가야읍으로 바꾼 것이겠지만 문제는 우륵의 출생지를 놓고 각 지자체가 서로 다투고 있다는 데에 있다.

《삼국사기》 권 제4 신라본기 제4 진흥왕 편에는 "551년 3월 왕이 순행하다 낭성, 즉 지금의 충북 청주시에 이르러 우륵과 제자 이문이 음악에 정통하다 해서 불렀다."라는 기록이 있다. 이때 우륵에게 달린 주석을 보면 성열현 사람이라고 기록되어 있는데, 현재 성열현의 실제 위치가 어딘지 정확하지가 않아 논란이 되고 있다.

우륵의 고향이라고 외치는 지자체는 크게 6곳이다. 경상북도 고령군·충청북도 제천시·대구광역시·경상남도 합천군·경상남도 의령군·경상남도 거창군이다. 충청북도 제천시는 《삼국사기》 권 제35 잡지 제4 지리2 신라 나제군 편에 나제군 청풍현의 본래 이름인 사열이현이었다며, 우륵의 고향인 성열현이 자신들의 지역에 있다고 발표했다. 그리고 비석을 세워 문화재청에 신고했는데 문화재청

이 이를 승낙하면서 문제가 커졌다.

그러나 청풍면은 삼국시대 당시 대가야국의 영향권에서 벗어난 지역이다. 이러한 반발을 예상했는지 모르겠지만 다른 지자체의 반발도 심한 상황이다. 경상남도 의령군은 삼국시대에 자신들의 마을 이름이 신이현이었고, 성열현과 한자음이 비슷하다는 점을 근거로 들고 있으나 이 부분도 100% 정확한 근거가 없는 가설들이라 단정할 수는 없다.

비단 우륵뿐만 아니라 역사적 위인의 출생지와 관련해 지자체마다 논란 중인 사안도 많다. 그렇다면 이러한 사건이 시사하는 바는 무엇인지 한 번 생각해 볼 필요가 있다. 역사에 대한 고증과 사실관계 파악이 우선시 되는 문화가 아니라 지자체 홍보에 더 초점이 맞춰진 것은 아닌지 고민해 봐야 할 것이다. 이런 일들이 반복된다면 지자체의 예산 낭비와 개연성 없는 역사가 새롭게 만들어져 파생되는 문제점이 생길 수 있다. 우리의 역사를 정확하게 알리고자 하는 마음가짐과 인식이 더욱 절실한 상황이다.

대한독립을 외쳤던
우리 선조들의 모습 '독립기념관'

위치
충남 천안시 동남구 목천읍 독립기념관로 1 독립기념관

운영시간
하절기(3월~10월): 입장 시간 09:30~17:00/ 관람 시간 09:30~18:00
동절기(11월~2월): 입장 시간 09:30~16:00/ 관람 시간 09:30~17:00
매주 월요일 정기휴무

입장료
무료

천안을 대표하는 음식은 단연 호두과자다. 어렸을 때 아버지께서 지방 출장을 다녀오시는 날이면 항상 고속도로 휴게소에 들러 호두과자를 사 오셨다. 당시에는 핸드폰조차 없던 시절이었으나 아버지는 마치 약속이라도 한 듯, 언제나 호두과자 한 봉지를 들고 집에 오셨다. 난 항상 안에 들어간 호두는 안 먹고 겉 빵만 먹었는데, 남아 있는 호두는 늘 어머니 몫이었다.

과거 고대국가들은 한강 유역을 점령하기 위한 교두보로서 천안을 먼저 점령하고자 했다. 천안은 교통의 중심지로서 수도권과 가까웠던 만큼 전라도와 경상도를 가기 위해서는 반드시 통과해야만 하는 곳이었다. 고려를 건국한 왕건은 천안의 지세를 들러보곤 이곳이 편안하면 천하가 편안할 것이라 했다. 그래서 천안의 지명유래가 되었다는 것인데, 일종의 설이기는 하나 그만큼 천안이 매우 중요한 역할을 했던 것은 분명한 것 같다.

지금은 수도권에서 2시간 내외로 접근할 수 있을 만큼 매우 가까운 곳이지만 과거에는 마땅한 교통수단이 없어 불편했다. 무엇보다 철도 사정이 좋지 못했던 60~70년대는 모든 열차가 천안역에 정차했는데, 그곳에서 약 30분~1시간을 정차하며 배차를 조정했다. 그때 열차 내에서 물품 판매원들이 호두과자를 팔기 시작하면서 천안을 대표하는 지역 명물이 됐다.

호두과자만큼 천안을 대표하는 장소가 하나 더 있으니, 바로 독립기념관이다. 1980년대 초, 일본은 근대사를 조작해 자신들의 침략과 식민 지배를 정당화하려 들었고 이는 주변국들의 큰 반발을 불러일으켰다. 일본과의 역사 분쟁은 국내에도 알려져 독립운동과 일제강점기 역사를 보존하자는 여론이 거세졌고, 그렇게 모인 국민의 성금 500억을 가지고 지금의 독립기념관을 짓게 되었다. 이때 대한민국을 해외에 알릴 수 있는 지구촌 축제도 벌어졌는데, 바로 86년 서울 아시안게임과 88년 서울 올림픽이었다. 그리고 해외 관광객들을 위해 독립기념관·국립중앙박물관·국립현대미술관·예술의 전당 등 여러 문화시설이 지어졌다.

서울에서 열리는 행사가 많아 대부분 문화시설도 서울을 중심으로 세워졌으나 독립기념관은 천안에 지어졌다. 독립운동을 위해 희생하신 선열들이 천안 출신이라는 이유에서였다. 조병옥·유관순·이동녕 등은 천안 출신이고, 한용운·이종일·이상재·윤봉길·김좌진 등은 충청도 출신이었다. 충청도에서 여러 독립운동가가 탄생했기 때문에 독립기념관도 충청도로 정해졌고, 교통의 요지였던 천안에 건립된 것이었다.

독립기념관 본관 건물인 겨레의 집 앞에는 총 815개의 태극기가 바람에 휘날린다. '태극기한마당'이라 불리는 이곳은 민족의 독립 정신과 자주 의식을 계승하고, 나라 사랑의 마음을 되새기기 위해 만들어졌다. 그리고 본관을 지키고 있는 거대한 석상은 한민족의 기상을 담아 국가와 민족을 위해 순국한 선열들을 석상으로 만든 것이다. 제1관은 한반도의 역사를 담고 있으며, 제2관부터 제7관까지는 일제강점기 시절의 모습을 재현했다. 전시관 북쪽 끝자락에는 추모의 자리라 해서 총 105개의 계단이 있는데, 1911년 일어난 105인 사건을 추모하기 위해 설치됐다.

1910년 당시 독립운동가 안명근은 서간도에 무관학교를 세우려 했다. 자금이 부족해 기금모집 활동을 진행했는데, 협조하기로 한 조선인 갑부가 말을 바꾸면서 자금을 내놓지 않았다. 안명근이 화가 나 조선인 갑부를 총으로 위협했고, 이러한 행위 때문에 결국 일제 경찰에게 붙잡히게 된다. 때마침 독립운동가들의 활동이 눈에 거슬렸던 조선총독부는 사건을 핑계로 황해도 독립운동을 말살하고자 했는데, 새롭게 총독으로 부임한 데라우치 마사타케의 암살을 위해 군자금을 모집한다고 날조하면서 신민회 회원과 개신교인 600명을 체포했다. 이때 105명이 유죄판결을 받았다 하여 105인 사건이 된 것이다.

105인에는 이승훈·이동휘·양기탁·김구·윤치호·김홍량 등이 포함됐으며, 훗날 윤치호와 김홍량은 일제의 압박과 탄압으로 친일파로 변절하기도 했다. 이처럼 일제의 자작극으로 105인이 기소되었고, 일제에게 고문을 받았던 사건을 추모하기 위해 독립기념관 추모의 자리는 105개의 계단으로 만들어졌다.

1995년 김영삼 정권은 일제강점기의 암울했던 과거를 청산한다는 명목으로 조선총독부 건물을 철거했다. 건물 자체를 독립기념관으로 이전하자는 논의가 있었으나 철거 비용보다 이전 비용이 더 많이 들어 그렇게 하지 않았다. 독립기념관 추모의 자리 서쪽에 첨탑과 건물 석재를 전시했고, 이를 공원으로 만들었다. 독립기념관 겨레의 탑에서 서쪽으로 멀리 떨어져 있어 걸어가기 부담스럽지만 이곳만큼은 꼭 방문해 보자.

원래 조선총독부 건물은 해방이 된 이후에 곧바로 철거되지 않았다. 오히려 새로 건국된 대한민국 정부 청사로 이용되기도 했다. 6·25전쟁을 거쳐 나라가 안정되고, 발전함에 따라 1980년대부터 국립중앙박물관으로 개조되어 사용됐는데, 세월이 흘러 조선총독부 건물이 철거되면서 지하 벙커에 보관된 문화재는 이전됐다. 그리고 2005년부터 경복궁 경내의 건물을 증축 및 개축하면서 이전된 문화재를 전시하기 시작했으니 그렇게 생겨난 게 바로 국립고궁박물관이다.

독립기념관은 대지만 12만 평에 이를 정도로 규모가 매우 큰 곳이다. 이곳을 하루에 다 돌아보기란 현실적으로 불가능하니 며칠 기간을 잡아두고 나누어 방문하는 것을 추천한다. 일제강점기 시대가 궁금하다면 독립기념관 하나만 둘러봐도 충분할 정도고, 입장료부터 주차료까지 전면무료이니 부담 없이 방문해 보자.

음식이 식기 전에 알아보는
1분 식도락 역사: 충청도

상인 임상옥의 '인삼' 파는 법

조선 시대 청나라 무역상들에게 가장 인기 있는 상품은 단연 인삼이었다. 워낙 인기가 많다 보니 청나라에서 소비되는 인삼은 대부분 조선에서 수출되는 것이었다. 조선 정부는 인삼 무역이 활성화되자 세금을 부과하기 위해 국가에서 정한 상인들에게 판매독점권을 부여했다. 그중 가장 좋은 성과를 보였던 인물이 바로 2001년 MBC 드라마 〈상도〉의 주인공으로도 잘 알려진 임상옥이었다.

조선에서 수출되는 인삼 대부분을 임상옥이 전담했다. 인삼 거래가 늘어날수록 임상옥의 위세도 나날이 커져만 갔다. 그러나 청나라 무역상들은 조선의 정책에 불만이 많았다. 국가가 개입하면서 세금 명목으로 수수료를 떼어 가니 수익성이 나빠진 것이다. 그래서 자신들의 수익을 지키기 위해 일정 금액 이상은 거래하지 않겠다며 불매를 선언했다. 이는 인삼 판매 물량의 대부분을 차지하고 있던 임상옥에게도 치명타였다. 임상옥은 인삼을 판매할 방법이 없어지자 이를 한데 모아놓고 불태우기 시작했다. 손해를 보고 판매할 바에는 불태워 없애는 것이 낫겠다는 생각에서였다.

그러자 인삼이 불타고 있다는 소식을 들은 청나라 무역상들이 허겁지겁 달려왔다. 자신들 또한 빈손으로 돌아갈 수만은 없었기에 불타고 있는 인삼이라도 건지기 위함이었다. 청나라 무역상들은 너도나도 할 것 없이 원래 거래되는 가격보다 몇 배는 더 높은 가격으로 흥정을 하더니 급기야 불타버린 인삼까지 비용을 내기 시작했다. 임상옥은 이 일로 인해 판매 할당량을 모두 채웠을 뿐만 아니라 자신의 이름을 널리 떨치게 되었다.

4장

강원도

강원도 관동팔경 중 가장 으뜸 '경포대'

위치
강원도 강릉시 경포로 365

운영시간
매일 09:00 ~ 18:00

입장료
무료

여름 휴가철 피서지 1순위는 단연 강릉 바다다. 시원한 바다가 주는 청량감과 강릉이라는 이름 두 글자는 바쁜 일상에 지친 우리에게 말로 표현할 수 없는 그 무언가를 선사한다. 자주 방문할 수 없는 곳이라 더 특별하게 느껴지는 건 기분 탓일까. 그런데 한 가지 재미있는 사실은 비단 현대를 살아가는 우리만 이런 특별한 감정을 느낀게 아니라는 점이다. 과거를 살아가던 당시의 사람들 또한 강릉을 매우 특별하게 생각했던 것 같다.

송강 정철은 〈관동별곡〉에서 신선이 타는 수레를 얻어타고 경포에 나가니, 경포호수와 바다가 매우 아름답게 펼쳐져 있다며 경포대의 경치를 극찬했다. 그리고 경포대에 다섯 가지 달이 뜬다는 전설도 전해지고 있는데, 선명한 하늘의 달·경포 호수의 달·바다에 비친 달·술잔에 담긴 달·당신의 눈에 비친 달, 이렇게 총 다섯 가지의 달을 볼 수 있다고 한다.

그래서 강릉시가 1990년대부터 매년 정월 대보름에 망월제 행사를 열었는데, 지금은 시민들의 축제로 변모해 많은 방문객이 이곳을 찾고 있다. 그래서 경포대는 달맞이 장소로 유명했던 곳이었지만 최근에는 벚꽃 명소로서 주목을 받고 있다. 특히 4월, 벚꽃이 피는 계절이 되면 경포호수부터 해수욕장까지 아름다운 벚꽃길 풍경을 감상할 수 있다.

누군가 경포대가 어디냐고 묻는다면 당장 무엇이 생각날까? 대부분 강릉 앞바다를 떠올릴 것이다. 또는 바다를 진입하기 전에 자리하고 있는 거대한 호수가 생각날 것이다. 경포대가 강릉 앞바다를 뜻하는 대명사처럼 굳어졌으나 실제 경포대는 경포 호수가 바라보이는 언덕 위의 정자, 즉 누각을 의미한다.

경포대는 고려 27대 충숙왕 때 강원도 지방관이던 박숙정에 의해 창건되었고, 시대를 거듭함에 따라 몇 차례 중건되면서 지금과 같은 모습을 하게 되었다. 앞면 5칸·옆면 5칸으로 비교적 큰 규모를 자랑하며 내부에는 숙종과 율곡 이이 등, 여러 인사가 지은 글이 걸려 있다.

그래서 경포대를 포함해 관동지역에서 가장 경치가 으뜸인 곳을 '관동팔경'이라 부르는데, 팔경에 선정된 곳은 모두 빼어난 경관을 자랑하며 시원한 느낌을 주는 곳이다. 특히 관동팔경 중 일부는 신라 화랑과도 관련이 있는데, 특히 화랑들은 수도 서라벌 북쪽으로 뻗은 태백산맥 줄기를 따라 산행하며 수련하는 것을 선호했다.

화랑이란 고대 신라에서 청년들을 모아 심신을 수련하고, 관리·군인으로 양성하기 위해 별도로 선별한 집단을 뜻한다. 전국의 각 인재를 모아 훈련하고, 최고의 성과를 내는 화랑을 문무 관직에 올렸다. 그래서 신라를 대표하는 자리인 만큼 외모를 가꾸는 것을 중요하게 생각했는데, 이러한 노력 덕분에 신라를 대표하는 집단으로 발전했다. 사실 화랑은 남자가 아닌 아름다운 여성 2명을 뽑았던 것부터 시작됐다.

신라 24대 진흥왕은 신라에서 가장 외모가 빼어났던 여성 2명을 뽑았다. 그리고 지방의 여러 인재를 발굴하는 원화 제도를 실시했는데, 이때 뽑힌 여성 2명이 바로 남모와 준정이었다. 하지만 진흥왕의 바람과 달리 남모와 준정은 서로를 시기하고 질투했다. 얼마 지나지 않아 준정이 남모를 꾀어내어 살해하는 사건이 발생하면서 크게 노한 진흥왕의 명에 따라 준정 역시 처형되고 말았다. 그 뒤 신라는 원화 제도를 폐지하고 여성이 아닌 남성을 뽑기 시작했는데, 이렇게 시작된 것이 바로 화랑 제도였다.

화랑은 선사의 교리를 담은 경전을 공부하며 유명한 승려를 찾아 가르침을 받고, 천하를 유람하며 심신을 단련했다. 후에 장성하면 서라벌로 돌아와 조국 신라를 위해 봉사했는데, 이 화랑을 통솔하는 사람을 국선이라 불렀다. 화랑은 대부분 귀족 출신의 자녀들로 구성되었기에 국선 역시 진골 또는 성골 출신만 할 수 있었다. 그리고 화랑을 이끌었던 대표적인 국선이 바로 김춘추와 김유신이었다.

이들은 전국 방방곡곡 걸어서 갈 수 있는 곳은 모두 답사했다. 그리고 그곳의 돌에 '화랑 아무개 다녀감' 이런 식으로 글을 새겼는데, 이런 흔적들은 오늘날에도 찾아볼 수 있다. 대표적으로 가장 최근 발견된 흔적은 울진 성류굴에 기록된 글씨로, 울주군 천전리 암각화를 비롯해 충북 제천 점말동굴에도 같은 기록이 남아있다.

경포의 어원은 유리처럼 맑은 호수라는 뜻이다. 관동팔경 중 경포대가 가장 으뜸인 이유는 무엇일까? 이는 경포대가 바라보는 시선에서 그 풍경을 함께 봐야 이해할 수 있다. 원래 경포호수는 둘레가 지금보다 더 컸다고 한다. 그래서 큰 호수가 있는 지역은 대부분 장자못 설화가 구전으로 전해지고 있는데, 이곳 경포호수에도 설화가 하나 있어 잠시 소개하고자 한다.

경포호수 일대에는 대문이 12개가 있는 커다란 집이 있었다. 이 집에 사는 주인 영감은 엄청난 구두쇠로 유명했다. 하루는 머슴이 소똥을 치우고 있었는데, 나이 많은 스님이 시주를 청하러 왔다. 스님이 목탁을 두드리며 염불을 외우자 집에 있던 주인 영감은 중놈한테 줄 쌀은 없으니, 소똥이나 퍼주라고 소리를 지르기 시작했다. 주인 영감의 성질을 잘 알던 머슴은 결국 시키는 대로 할 수밖에 없었는데, 아무 죄가 없는 스님에게 소똥을 퍼주는 게 너무 미안했다. 스님은 머슴이 미안해하는 기색을 보이자 열흘 뒤 솥뚜껑을 거꾸로 뒤집어쓰고 경포대로 올라가라고 속삭였다. 그렇게 홀연히 사라진 스님을 뒤로한 채 머슴은 주인 영감에게 이 사실을 고했는데, 주인 영감은 콧방귀만 뀔 뿐, 아무 반응도 하지 않았다. 열흘 뒤, 머슴은 스님이 시킨 대로 솥뚜껑을 머리에 쓰고 경포대로 올라갔다. 갑자기 머슴 앞에 큰 섬광이 내리치더니 그때 그 스님이 나타나 12 대문 집 쪽으로 부적을 던지곤 사라졌다. 부적이 떨어진 12 대문 집 일대는 곧바로 호수로 변해버렸고, 그게 경포 호수가 됐다고 전해지고 있다.

벚꽃이 피는 4월이 되면 사랑하는 사람과 함께 1박 2일 정도 일정을 잡아 보자. 점심 식사로 초당순두부를 먹고 경포대를 가는 코스가 이동하기 편하다. 진입로부터 느낄 수 있는 벚꽃의 향연을 만끽한 후, 산책하듯 경포대를 오르면 시원한 청량감을 느낄 수 있다. 그리고 밤하늘에 둥둥 떠 있는 달을 불빛 삼아 서로의 눈에 새겨진 사랑의 보름달을 찾아보면 어떨까?

조선 커리어 우먼 신사임당의 생가 '오죽헌'

위치
강원도 강릉시 율곡로3139번길 24

운영시간
매일 09:00~18:00/ 17:00 입장 마감

입장료
대인 3,000원, 청소년·군인 2,000원, 초등학생 1,000원

오죽헌의 입구에는 "세계 최초로 어머니와 아들이 화폐에 새겨졌다."라고 적혀 있다. 이곳은 신사임당이 어려서부터 자라 온 곳이자, 아들 율곡 이이를 낳은 곳이다. 어머니는 50,000원, 아들은 5,000원인데 집은 오죽헌이다. 우연의 일치일까?

오죽헌은 조선 시대에 건축된 주거 양식의 건물 중 국내에서 가장 오래된 건물이다. 이곳의 이름이 오죽헌인 이유는 뒤뜰에 검은 대나무가 자라기 때문인데, 검은 대나무는 한자로 '까마귀 오(烏)'라고 쓴다. 그래서 검은 대나무가 자라는 집이라 해서 오죽헌이라고 부르게 됐다.

신사임당의 가문인 평산 신씨는 강원도에서 소위 가장 잘나가는 가문이었다. 집안의 어르신들이 대부분 고위 관료 출신이었는데, 신사임당의 가택에서 일하던 노비들만 약 100명에 달할 정도였다. 그녀는 어려서부터 글을 쓰고 시를 지었다. 특히 그림을 잘 그렸다고 하는데, 약 100년 뒤의 사람인 우암 송시열과 19대 숙종이 크게 감탄할 정도로 실력이 출중했다. 율곡 이이의 어머니로서 오늘날 신사임당의 이미지는 현모양처의 대명사가 됐으나 조선 시대에는 뛰어난 예술가로 명성이 자자했던 인물이었다.

가부장적인 남편·현모양처 며느리는 조선 후기의 일이고, 조선 초기에는 대부분 남성이 여성의 친정집으로 들어와 생활했는데, 이러한 시대적 배경 때문에 당시 신사임당의 남편이었던 이원수는 친정집에 들어와 데릴사위를 했다. 이원수의 가문인 덕수 이씨도 매우 명망 높은 가문이었으나 집안 형편은 그리 넉넉하지 못했다. 대부분 생계를 신사임당의 집안이 책임졌던 만큼 이원수는 부잣집 딸에게 장가온 것이나 다름없었다.

결혼이라는 건 집안 어른들께 인사를 드리고, 양가 부모님의 허락이 있어야만 가능한 중요한 집안 행사를 뜻한다. 더불어 양쪽 집안이 서로 대등한 위치에서 치루는 행사인 만큼 어느 한쪽이라도 부족함이 있어서는 안 되는 일이기도 했다. 이는 동서양을 막론하고 똑같은 이치지만, 유교적 가르침을 충실히 따르던 조선 시대는 혼인에 대해 더 엄격했다고 한다. 그런데 신사임당과 이원수는 어떻게 결혼할 수 있었을까?

이와 관련해 정확한 기록이 전해지지는 않으나 신사임당의 아버지 신명화의 입김이 작용했을 것이라 보고 있다. 신사임당의 집안이 그녀의 남편을 고를 때 가장 중요하게 생각했던 조건은 신사임당을 내조해 줄 수 있는 사람이었다. 신명화는 자신의 딸이 너무 부자거나 가난하지 않은 사람에게 시집을 가길 원했다. 신사임당의 그림 실력은 조선에서도 뛰어난 명성을 자랑했기 때문에 아버지는 자신의 딸을 훌륭한 화가이자 예술가로 키워내고 싶었을 것이다.

이원수와 결혼한 신사임당은 훗날 셋째 아들 이이를 낳았다. 이이는 이원수와 신사임당의 삼남으로 어려서부터 총명했고, 똑똑했다. 그는 어머니에게 글을 배우며 강릉에서 수양을 쌓았는데, 13세가 되던 해에 성균관 입학 시험인 진사시를 통과할 정도였다. 이러한 천재적인 능력 덕분에 이이에게는 구도장원공이라는 특별한 호칭이 붙는다. 구도장원공이란 과거 시험에 응시해 9번이나 장원 급제했다는 뜻으로 지금으로 따지면 국가에서 치루는 고시는 모두 합격했다는 의미로 풀이된다. 이런 특출난 능력 덕분에 다른 사람들에게 시기와 질투를 받기도 했으나 모든 사람이 이이를 싫어했던 것은 아니었다. 이이와 어린 기생의 소설 같은 특별한 이야기가 하나 전해지고 있어 소개하고자 한다.

1574년 이이가 황해도 관찰사에 부임했을 때 이야기다. 당시 12살의 어린 나이에 자신의 곁에서 시중을 드는 유지라는 여자아이가 있었다. 그녀는 원래 양반 가문의 자제였으나 부모를 잃고 고아가 되어 팔려 오게 됐는데,

이런 딱한 사정이 가슴 아팠던 이이는 유지에게 글공부를 시켜 주고, 책을 읽고 싶다고 하면 마음껏 읽게 해 주었다. 하지만 얼마 지나지 않아 이이가 한양으로 발령이 나며 둘은 헤어지게 되었고, 10년이라는 세월이 훌쩍 지나갔다.

그러던 어느 날, 이이가 황해도 인근을 지나는 길이었다. 이이의 눈에 낯이 익은 한 여인이 보였으니, 긴 세월 동안 더욱 성숙해진 유지였다. 때마침 이이와 눈이 마주친 유지도 자신을 알뜰히 보살펴 준 이이를 기억하고 있었다. 그녀는 자신을 보듬어 주던 이이에 대한 그리움과 고마움으로 남몰래 마음을 키우고 있었는데, 이이가 눈앞에 나타나자 너무 반가워 어찌할 바를 몰랐다.

오랜만에 만난 둘은 술자리를 가졌고 지난날의 그리움을 달랬다. 시간이 얼마쯤 흘렀을까. 두 사람은 다시 만나길 고대하며 술자리를 파했는데, 그날 밤 유지는 집으로 돌아가지 않고, 이이가 묵는 숙소에 홀로 찾아왔다. 그리고 이전부터 흠모했던 이이에게 마음을 고백했다. 이이는 놀랐으나 이내 침착하게 유지를 달래며 그녀의 마음을 거절했다. 딸처럼 어여삐 여겼던 유지를 받아 준다는 것이 납득이 되지 않았던 것이다. 하지만 유지가 끝끝내 물러서지 않자, 이이는 어쩔 수 없이 한방에서 잠을 청했다. 하지만 이이는 유지에게 눈길 한 번 주지 않았고, 손 끝 하나 대지 않았다. 이이는 날이 밝아 오자 유지에게 작별 인사를 하곤 그녀를 돌려보냈고, 그렇게 둘은 또다시 헤어지게 됐다.

이후 세월의 흐름은 이길 수 없었는지 이이의 몸이 급격히 쇠약해졌다. 그는 딸처럼 어여삐 여겼던 유지에 대한 그리움을 시로 표현하고자 했다. 그리고 며칠 뒤 이이는 시를 남긴 채 병사했다. 사람들은 이이가 남긴 시의 주인공이 누구인지 궁금해했으나 밝혀내지 못했다. 결국 가슴 아픈 사연은 사람들의 입소문을 타고 유지에게도 전해졌는데, 유지는 그 이야기를 듣자마자 눈물을 흘렸다. 사연의 주인공이 바로 자신임을 알게 된 것이다. 자신을 향한 이이의 마음을 알게 된 유지는 크게 슬퍼하며 이이를 위해 3년 상을 치렀다. 그리고 이 시는 훗날 〈유지사〉라는 제목이 붙어 우리에게 전해졌다.

若有人兮海之西 황해도 땅에 사람이 있네.

鍾淑氣兮禀仙姿 맑은 기운이 모여 마치 선녀 같구나.

綽約兮意態 그 마음, 그 모습 곱기도 하니

瑩婉兮色辭 그 얼굴, 그 목소리 예쁘기도 하다.

金莖兮沆瀣 금 쟁반에 놓인 이슬 한 방울이

胡爲委乎路傍 어쩌다가 길가에 버려졌는가.

(중략)

日黃昏兮邂逅 날은 저물고 우연히 다시 만나니

宛平昔之容儀 옛 모습 그대로 완연히 서 있도다.

曾日月兮幾何 세월이 얼마나 흘렀을까.

悵綠葉兮成陰 푸른 잎이 진 것 같아 슬프구나.

矧余衰兮開閣 나도 나이가 들어 쇠약해졌으니

對六塵兮灰心 온갖 욕정 재같이 식어 버렸네.

彼姝子兮婉孌 곱디고운 한결같은 사람이

秋波回兮眷眷 고운 눈결 던지며 나를 잊지 못하는구나.

(중략)

倘三生兮不虛 만약 진짜 다음 세상이 있다면

逝將遇爾於芙蓉之城 극락세계에서 너를 만나리.

계유정난의 시작, 단종의 유배지 '청령포'

위치
강원도 영월군 남면 광천리 산67-1

운영시간
매일 09:00 ~ 18:00/ 17:00 입장 마감

입장료
대인 3,000원, 청소년·군인 2,500원, 어린이 2,000원, 경로 1,000원

"수양대군 납시오~!"

2013년에 개봉한 영화 〈관상〉은 관객 수 9백만 명을 넘기며 흥행에도 성공했다. 그동안 수양대군을 다룬 수많은 영화와 드라마가 있었으나 이만큼의 강렬함은 없었다. 등장부터 BGM까지, 그 영화 속 수양대군의 모습은 한국 영화사에도 길이 남을 장면이었다고 생각한다.

실제 수양대군은 세종의 둘째 아들로 왕위와는 거리가 먼 인물이었다. 조선은 적장자 계승원칙에 따라 아버지가 죽으면 장남이 왕위를 잇게 되어 있었다. 그래서 세종은 문종을 세자로 앉혔고, 세종이 죽기 2년 전 손자 단종이 태어났다. 단종은 왕세손으로서 정통성이 매우 강력했기에 특별히 사고만 치지 않는다면 왕위에서 밀려날 이유는 없었다. 그런데 수양대군은 어떻게 조카를 몰아내고 왕위에 오를 수 있었을까?

조선의 4대 왕 세종은 훈민정음을 창제하는 등 많은 업적을 세웠고, 맏아들 5대 문종도 왕세자 시절부터 아버지를 도와 정사를 돌봤다. 하지만 문종은 과중한 업무로 인해 병을 달고 살았으며 왕이 된 이후부터는 몸이 급격히 쇠약해졌다. 문종이 승하한 직후 그의 아들 홍위가 다음 왕위를 잇게 되었으니 그가 바로 6대 단종이다.

세종은 정비 소헌왕후와의 사이에서 맏아들 문종을 낳았고, 문종은 정비 현덕왕후와의 사이에서 맏아들 단종을 낳았다. 단종은 할아버지 세종이 재위하던 시절인 1448년 왕세손으로 책봉되었을 만큼 조선 역사상 가장 강력한 정통성을 가지고 있었다.

그러나 문종은 단종이 태어나기 전까지 오랫동안 자식이 없었다. 아버지 세종이 적합한 여성을 직접 선별하여 혼인을 주선했으나 문종의 마음에는 들지 않았기 때문이다. 첫 번째 세자빈이었던 휘빈 김씨는 문종이 원하던 외모가 아니라서 사이가 원만하지 않았다. 그래서 김씨는 문종의 마음을 훔치기 위해 이상한 술법을 쓰며 관심을 끌었지만 발각돼 폐위되었다. 김씨의 뒤를 이어 세자빈이 된 순빈 봉씨도 마찬가지였다. 문종의 관심을 받지 못하자 궁녀와 동침을 하는 비상식적인 행동을 일삼았고, 궁궐을 어지럽혔다는 이유로 폐위되어 쫓겨났다.

문종은 우여곡절 끝에 세자빈 권씨와 혼인에 성공하며 아들을 낳았고, 그게 바로 단종이다. 혼인에 성공한 문종에게 단종이 태어났다는 소식은 할아버지 세종을 기쁘게 만들었다. 왕위를 이을 적장자를 낳았으니 세종의 근심 걱정이 모두 사라지는 순간이었다. 그리하여 왕실의 경사를 축하하기 위해 수감된 죄수들을 석방하라 지시했는데, 곧바로 불행한 일들이 연달아 일어나기 시작했다. 세종이 죄수 석방을 위해 교지를 읽으려 하자 용상 근처의 초가 땅에 떨어져 불길함을 자아냈고, 세자빈 권씨마저 단종을 낳은 다음 날 산욕으로 세상을 떠났다.

　이로 인해 단종은 태어나자마자 어머니를 여의게 됐는데, 문제는 여기서부터 시작됐다. 만약 어린 세자가 왕이 된다면 왕을 대신해 정사를 돌볼 수 있는 왕실의 어르신이 있어야만 했다. 하지만 당시 어린 단종을 보호해 줄 사람이 전혀 없다는 것, 이게 가장 큰 문제였다. 단종의 할머니 소헌왕후는 세종보다 일찍 생을 마감했는데, 단종을 위해서라면 후궁 중에 누군가를 올려 왕비로 만들어야만 했다. 세종이 그렇게 못했다면 문종이라도 나서야 했으나 두 부자는 그렇게 하지 않았다. 내명부의 어른이 존재한다는 건 단종의 정통성이 더욱 강력해진다는 것을 의미했으나 아무런 조치를 하지 않았고, 세종과 문종이 죽자 단종은 정치적 친위세력이 전무한 상태가 됐다.

　어찌 보면 세종과 문종은 자신들의 강력한 왕권과 정통성을 맹신했을 수 있다. 단종의 정치적 지지기반이 약해도 강력한 정통성 하나만으로 충분히 만회될 것이라 보았을 것이고, 김종서와 황보인을 고명대신으로 임명해 단종을 보좌하는 정도에서 마무리 지었을 수도 있다. 수양대군이 어떻게 나올지 예측할 수 없었겠지만, 그의 욕심이 정변을 일으킬 정도는 아니라고 생각했을 수도 있다. 그런데 수양대군은 이러한 예상을 보기 좋게 박살 내며 역사의 전면에 나서기 시작했다. 바로 계유정난이다. 쿠데타를 일으킨 세력에게 가장 중요한 부분은 명분이다. 명분을 만들지 못했다면 사소한 꼬투리라도 잡아 당위성을 역설한다. 그러나 수양대군은 계유정난을 일으킬 마땅한 명분이 없었음에도 문종이 임명한 고명대신 김종서와 황보인을 숙청했다. 그뿐만 아니라 단종을 지지하는 사람들을 처단하기 시작했다. 수양대군은 단종의 보호자가 되겠다며 나섰으나 그걸로는 명분이 부족했다.

1455년, 마침내 수양대군은 단종을 밀어내고 7대 세조가 됐다. 하지만 상왕이 된 단종의 존재는 세조에게 정치적인 부담으로 작용했다. 세조는 그를 내쫓아 왕권을 강화하고 싶었으나 이미 명분 없는 쿠데타를 일으킨 터라 그런 상황을 다시 반복할 수는 없었다. 그런데 단종을 쫓아낼 궁리만 하는 세조에게 좋은 기회가 찾아왔으니 바로 단종 복위운동이었다.

은밀하게 진행된 단종 복위운동은 결국 실패로 끝났다. 세조는 곧장 가담자 모두를 처형하였다. 후대 사람들은 복위운동으로 처형당한 6명을 사육신이라 불렀으며,

살아서 세조에게 충성하지 않고 낙향한 6명은 생육신이라 불렀다. 세조는 모든 게 원하는 대로 이루어지자 복위운동을 핑계로 단종을 노산군으로 강등했고, 강원도 영월로 유배를 보냈다. 단종이 유배를 떠나는 길에는 많은 백성이 마중을 나와 눈물로 배웅하였으며, 그의 귀양길을 바라보며 매우 슬퍼했다고 한다.

단종의 유배지였던 영월 청령포는 서쪽은 험준한 암벽이 솟아 있고, 삼면이 강으로 둘러싸여 섬처럼 보이는 곳이다. 배를 타지 않으면 밖으로 나갈 수 없는 특이한 지형이기도 하다. 실제 청령포를 방문하는 관광객들은 입장시 배를 타고 들어가는데, 밖에서 볼 때는 수심이 깊어 보이지 않으나 배를 타고 강 가운데를 지나갈 때면 무서울 정도로 깊은 것을 알 수 있다.

청령포에 도착해 자갈밭에 내리면 정면에는 소나무 숲이 우거져 빼곡하게 뒤덮고 있는 것을 볼 수 있다. 이곳을 가로질러 안으로 들어가면 웅장한 소나무 숲이 모습을 드러내는데, 상쾌한 공기가 콧구멍을 자극한다. 잘 다듬어진 길을 따라서 안으로 들어가면 엄청나게 큰 소나무 한 그루가 서 있다. 바로 '관음송'이다. 관음송의 수명은 약 600년으로 현재 대한민국에서 가장 오래된 소나무로 알려져 있는데, 단종이 관음송에 걸터앉아 외로움을 달랬다고 전해진다.

조금 더 안쪽으로 들어가면 단종이 묵었던 기와집이 보인다. 이곳에는 단종의 모습을 형상화해 인형으로 전시하고 있다. 그 모습을 보고 있노라면 당시 단종의 마음이 어떠했을지 조금은 짐작해 볼 수 있다. 그리고 엄흥도 소나무라 불리는 나무들이 집을 빙 둘러싸며 기와집 방향으로 고개를 숙이고 있다.

엄흥도라는 인물은 당시 영월 호장이었는데, 호장은 지방관리인 향리들의 우두머리로서 향리들이 수행하는 행정실무를 총괄하던 관리였다. 엄흥도는 단종을 만나면 삼족을 멸한다는 세조의 어명을 어기고, 밤마다 몰래 청령포에 들어가 단종의 말동무가 되어 주었다. 이후 청령포가 잦은 홍수로 인해 물에 잠기게 되자 단종은 영월 관아의 객사로 옮겨졌으나 훗날 복위운동이 또다시 일어날까 우려한 세조의 명으로 단종은 그곳에서 사사되었다.

단종이 승하하자 시신은 아무렇게나 방치됐다. 그러나 엄흥도는 자신이 직접 인근 산에 단종의 시신을 모시고자 했다. 그날따라 눈보라가 강해 마땅한 자리를 찾지 못하고 있었는데, 때마침 노루 한 마리가 엄흥도 일행을 보고 놀라서 도망쳤다. 그 노루가 앉아 있던 자리에만 눈이 녹아 있는 것을 본 엄흥도가 단종의 시신을 그곳에 묻어 주었으니, 그곳이 바로 현재 단종이 잠들어 있는 장릉이다. 청령포에서 차로 이동해도 10분 정도면 충분하니 기회가 된다면 한 번 방문해 보자.

수백 년의 시간이 흘러 19대 숙종은 단종을 노산군에서 다시 국왕으로 복권시켰다. 그리고 한양에서 멀리 떨어진 왕릉을 이장하기 위해 조정에서 관리를 파견했는데, 단종이 묻힌 자리가 천하의 명당이라 판단돼 묘를 이장하지 않도록 했다. 청령포의 소나무들이 기와집을 향해 기울어 있는 것도 허무하게 생을 마감한 단종을 기리기 위함이 아니었을까?

대한민국의 유일한 공산당 건물 '철원 노동당사'

위치
강원도 철원군 철원읍 금강산로 265

운영시간
24시간 개방/ 단 보수공사 시 접근 불가능

입장료
무료

21세기에 들어와 K-POP의 선두 주자를 꼽으라면 별 다른 이견 없이 BTS를 꼽을 것이다. 더불어 BTS가 미국 빌보드 차트를 비롯해 여러 해외 무대에서 상위권을 차지하고 있다는 기사도 종종 접할 수 있다. 오늘날 국위 선양이 무엇인지 보여 주는 BTS의 시대가 펼쳐지고 있다면 1990년대에는 서태지와 아이들이 있었다. 1990년대는 국내 가요계의 르네상스였는데, 다양한 음악과 함께 소녀팬의 마음을 녹였던 아이돌 가수도 이때 등장하기 시작했다. 하지만 그 어떤 가수도 서태지와 아이들의 아성에는 범접할 수 없었다. 서태지와 아이들은 1집 〈난 알아요〉를 시작으로 2집 〈하여가〉가 많은 사랑을 받았으며, 1994년 3집 〈발해를 꿈꾸며〉를 발매하며 본격적으로 정상궤도에 올랐다.

1집과 2집이 한 청년의 사랑 이야기였다면 3집은 당시의 시대상을 반영하고 있었다. 그래서 서태지도 3집 작업에는 많은 공을 들여 〈교실 이데아〉, 〈발해를 꿈꾸며〉 등 여러 노래를 대중들에게 알리고자 했다. 대중들 또한 서태지의 노래에 공감했고, 이는 수백만 장의 앨범 판매량으로 이어졌다. 무엇보다 〈발해를 꿈꾸며〉는 남북한 평화와 협력, 더 나아가 통일을 위한 소망이 담긴 노래였다. 그리고 3집을 기점으로 서태지와 아이들은 단순한 아이

돌 그룹이 아닌 문화 대통령으로서 발돋움하게 된다.

서태지는 〈발해를 꿈꾸며〉를 작사할 때 남북의 분단 상황을 종식하고 이북에 있는 친구들을 보고 싶다는 마음에서 썼다고 한다. 그래서 이 노래의 배경이 될 뮤직비디오 장소를 선정하는 것이 무척 중요한 부분이었다. 첫 번째 논의된 곳은 판문점이었으나 군사 지역이라 쉽지 않았다고 한다. 최종 뮤직비디오 장소로 선택된 곳은 국내에 남아 있는 유일한 북한 공산당 유적지인 철원 노동당사였다.

1945년 한반도가 일제 치하에서 독립한 후, 한반도 영토는 38도선을 기준으로 갈라졌다. 1946년 소련 군정이 북한을 간접 통치하기 시작하자 강원도 도청 격으로 철원에 노동당사가 지어졌다. 이때 철원 노동당사는 38도선 기준으로 이북에 있었는데, 노동당사는 철원·김화·평강·포천 일대까지 관장하였고 그곳에서 반공 인사를 체포 후 고문한 뒤 학살했다. 1950년 6·25전쟁 당시 건물 대부분이 파괴되기도 했으나 국군이 북상하면서 철원을 수복함에 따라 우리 영토가 됐다. 훗날 이곳을 수색하며 여러 유골과 고문 도구를 발견했는데, 대부분 노동당사에서 고문사한 사람들의 유골이었다.

　　철원 노동당사는 파괴 정도가 심하고 사진조차 남지
않아 어떤 형태로 존재했는지는 알아낼 방도가 없다. 그
나마 1984년에 찍힌 사진이 유일하게 전해지는데, 그 사
진에는 노동당사 인근의 주민들 모습이 담겨있을 뿐이다.
남아 있는 건물 입구에는 북괴노동당 철원 군당에서 국
민을 착취하던 곳이라고 적혀 있어 섬뜩함을 자아낸다.

　　6·25전쟁 이후 북한을 통치하던 김일성은 아들 김정
일에게 권력을 승계하기 시작했다. 민주주의 국가에서는
좀처럼 보기 힘든 세습 방식이었다. 그러나 권력을 독점
한 김정일은 이에 아랑곳하지 않고, 자신의 권력을 더욱
공고히 하고자 했다. 한때 위대한 장군님이라고 칭송받던
김일성은 권력을 빼앗긴 채 방치되고 있을 뿐이었다. 이
렇게 권력이 이양되고 있는 시기 한반도에는 중요한 사
건이 하나 발생하게 되는데, 그건 바로 북한의 핵 개발 시
도였다.

　　김정일은 집권 초기 대외적으로 자신의 강인한 모습
을 각인시키려는 듯 강경한 태도를 고수했다. NPT(핵확산
방지조약) 협약 탈퇴를 비롯해 대남 무력도발을 가시화하
기에 이르렀다. 1994년 북미 핵사찰과 관련해 일부 합의
를 하기로 했으나 IAEA(국제원자력기구) 사찰에는 비협조

적인 태도를 보였다. 한반도에 군사적 긴장감이 높아지자 미국은 전면전을 벌여 북한을 공격할 계획을 구체적으로 검토하기 시작했다.

당시 미국 대통령이었던 클린턴은 북한 김정일에게 최후의 통첩을 날렸다. 북한과 비교적 사이가 좋았던 지미 카터 전 미국 대통령을 특사로 방북시켜 미국의 의중을 전달하고자 했다. 남북회담을 통해 군사적 긴장감을 완화하자는 분위기를 만들고자 노력했으나 북한은 여전히 미온적이었다. 김정일은 지나치게 핵 개발에 집착했고, 결국 미국은 이를 무마시키기 위해 군사작전에 돌입했다. 이 소식을 들은 김일성은 크게 화가 나 김정일을 나무랐다고 한다.

사태는 1994년 7월 김일성이 갑작스레 사망하며 새로운 국면으로 접어들었다. 당초에는 소식을 들은 김일성이 이 문제에 개입하면서 북미 간 대화가 잘 풀려 남북정상회담까지 추진되었다. 구체적인 날짜도 잡혀 있었기에 김일성의 결단만 있다면 한반도에서 새로운 변화가 찾아올 가능성도 있었다. 하지만 갑작스럽게 김일성이 사망하면서 남북정상회담이 좌절됐고, 변화의 바람 또한 식어버렸다.

김일성은 자신이 사망하면 빨치산 동지들이 묻혀 있

는 혁명열사릉에 묻어달라고 유언을 남겼다. 그러나 김정
일은 유언을 무시한 채 아버지의 죽음을 도구 삼아 자신
의 권력을 신격화했다. 그렇게 남과 북은 약 70년이 넘는
시간 동안 서로 갈라져 다시 합쳐지지 못하고 있다. 시대
가 많이 변한 만큼 통일에 대한 우리의 접근 방식도 달라
져야 하지 않을까.

　　철원 노동당사는 워낙 외지에 있기도 하고 대중교통
을 이용하기에도 접근성이 떨어져 과거에는 방문이 쉽지
않았다. 건물만 덩그러니 있고 주위가 모두 논밭이었기
때문에 제2땅굴을 방문하는 관광객들이 잠깐 스쳐 지나
가는 정도였다. 하지만 최근에는 철원역사문화공원이 상
당히 넓은 규모로 조성되어 많은 관광객이 방문하고 있
다. 무엇보다 공원 바로 앞에 있는 소이산 정상에 올라가
면 탁 트인 철원평야를 한눈에 내려다볼 수 있다. 걸어서
올라가는 방법도 있으나 모노레일을 타고 올라가는 방법
이 더 수월하다. 약 20분에 걸쳐 매우 천천히 움직이기
때문에 인근 경치를 편안히 감상할 수 있다는 장점도 있
다. 가격도 성인 기준 5,000원으로 매우 저렴한 편이다.
다만 소이산 모노레일은 인터넷 예약이 필수다. 예약이
안 된 티켓은 현장 발권을 하고 있지만, 원하는 시간에 탑

승하기는 힘들다. 방문객이 많아 오래 걸리기 때문에 꼭
사전 예약을 하고 방문하는 것을 추천한다.

이 땅의 주인은 대체 누구인가?
'백마고지'

위치
강원 철원군 철원읍 대마1길 72(백마고지 참전용사회관)

운영시간
DMZ 인근 방문 가능 여부 꼭 확인할 것

입장료
무료

북한의 침략이 남침이냐, 북침이냐를 구분하지 못하는 경우가 있다. 북한이 침략했으니 북침 아니냐고 하기도 한다. 남침인지, 북침인지 구분하기 힘들 때는 똥침을 생각하면 된다. 우리는 어렸을 적 친구들과 똥침을 놓는 장난을 많이 쳤다. 근데 그 누구도 손으로 찌르는 똥침을 손침이라고 부르지 않았다. 나의 소중한 항문이 손에게 침략을 당한 것인데도 말이다. 이 공식대로 북한이 남한을 침략했으니 남침이라고 이해하면 혼동할 일이 없을 것이라 생각된다.

1945년 8월 15일 한반도는 광복을 맞았다. 독립운동가들은 자주독립을 위해 동분서주했지만, 쉽지 않았다. 북쪽에서는 광복 후 3개월 만에 조선민주주의인민공화국이 수립됐으며, 1948년 8월 15일 남쪽에서도 대한민국 정부가 수립되면서 한반도는 38도선을 기준으로 정확히 반으로 갈라졌다. 이후 김일성은 한반도 적화 통일을 목표로 대한민국에 대한 무력 도발을 서슴지 않았다.

1950년 6월 25일 새벽 4시, 북한은 대한민국 국군 대부분이 농사철을 맞아 외박을 나갔을 때 불법적인 남침을 감행했다. 수도 서울이 3일 만에 인민군에게 함락되자 곧바로 UN 총회가 소집되었고, 한반도를 공산당으로

부터 지켜내기 위해 각국이 원조를 시작했다. 그러나 UN
군이 한반도에 진입하기 전까지 최대한 시간이 필요했다.
그동안 북한군의 파죽지세를 견디지 못해 후퇴를 거듭하
던 국군은 낙동강에서 방어선을 치고 전투를 벌였다.

1950년 9월 10일, 맥아더가 이끄는 UN군은 인천상
륙작전을 시작했다. 실패할 확률이 높았기 때문에 이 작
전을 반대하는 사람이 많았으나 맥아더는 모두의 예상을
보기 좋게 뒤엎고 UN군을 성공적으로 상륙시켰다. 국군
은 이 기세를 몰아 계속 북진했으며, 10월에는 평양을 수
복했고 곧바로 압록강까지 이르렀다. 통일을 눈앞에 둔
우리 국군의 위용 앞에 김일성을 비롯한 북한군은 두려
웠다. 그리하여 중국의 군사 지원을 등에 업은 북한군이
중공군과 함께 우리를 밀어내기 시작했으니 이게 바로
1·4 후퇴다.

1·4 후퇴 이후 양측은 밀고, 밀리는 치열한 전투 끝
에 마침내 38도선을 경계로 대치하기 시작했다. 그간 남
과 북을 오가던 피난민들도 38도선으로 전선이 재정비되
자 두 번 다시 가족들을 만나지 못했다. 군사작전 지역이
38도선 근방으로 굳어지면서 왕래하기가 쉽지 않았기 때
문이다. 그래서 훗날 1983년, KBS에서 방영된 〈이산가족
을 찾습니다〉에서도 1·4 후퇴가 일어났을 때 가족들과 생

이별했다는 내용이 많았다.

이 시기 즈음부터 1953년 7월 27일 휴전협정이 조인될 때까지 38도선 부근은 초토화되었다. 전쟁이 언제 끝날지 알 수 없었고, 전쟁이 끝나는 시점의 영토를 자국의 영토로 정했기 때문에 국군과 인민군은 참혹한 전쟁을 2년이나 더 할 수밖에 없었다. 서로 한 줌의 영토라도 더 얻기 위해 철원에서 벌인 395고지 전투의 실상은 말로 형용할 수 없을 정도였다.

395고지 전투는 1952년 10월 6일부터 15일까지 약 2주간 벌어진 전투다. 여기서 국군과 미군은 중공군 대부대를 맞아 치열한 전투를 벌인 끝에 승리했다. 특히 국군 제9보병사단이 중공군 3개 사단을 격파한 전투로 중국에서조차 자신들의 패배를 깔끔하게 인정했던 몇 안 되는 전투였다.

철원은 평강·김화 등 철의 삼각지대라 불리는 지역 중 하나로 강원도 북부에 있는 교통의 요지다. 이곳에서 서울로 나가는 길이 이어져 있어 전략적으로 매우 중요한 위치였는데, 대부분 인민군과 중공군은 나진·성진·원산항에 보관된 군수물자와 병력을 철의 삼각지대에 배치했다. 이곳에 쌓인 물자를 전국 각지에 실어 날랐던 만큼 그들에게 있어서 철원은 최대 규모의 보급창고였다.

　당시 UN군은 대규모 군사작전을 통해 고지 남쪽에 있는 철원평야를 장악하고 있었고, 국군은 철원평야와 근방 고지를 아우를 수 있는 395고지를 사수하는 데에 주력했다. 395고지만 수중에 남아 있다면 철의 삼각지대를 효과적으로 통제할 수 있었기 때문이었다. 무엇보다 UN군과 국군 최대의 보급기지 역할을 겸했기 때문에 중공군은 이곳을 빼앗아 전황을 유리하게 이끌고자 했다. 양측 모두 395고지는 병참선 확보에 있어 가장 중요한 핵심 지역이었다.

　1952년 10월 6일 새벽이 되자 중공군은 395고지를 대대적으로 공격했다. 그들의 파상공세 앞에 국군도 물러서지 않았다. 395고지는 방어하기는 쉽지만 공격하기 어려운 지역이라 중공군의 피해는 시간이 지날수록 늘어갔다. 그러나 국군도 계속된 방어전으로 많이 지친 상태였다. 약 10일간 벌어진 395고지 전투는 고지의 주인만 열두 번이나 바뀔 정도로 대단히 치열했다.

　중공군이 고지에서 국군을 밀어내면 국군은 전열을 가다듬고 다시 고지를 탈환했다. 이 전투로 인해 중공군은 약 만 명 이상의 사상자가 발생했다. 국군의 피해는 약 3천 5백여 명에 그쳤다. 당시 전투에 참전한 중공군도 나름 최정예 부대였으나 국군을 당해내지 못한 것이다.

이때 참전한 용사님들의 말에 의하면 야간 기습작전이 시작될 때가 가장 위험했다고 한다. 조명탄을 쏘기 전까지 아군과 적군의 피아식별은 사실상 불가능했으며 경계근무를 서고 있는 감시병들의 시선을 회피하기 위해서는 은밀한 접근이 필요했다. 그래서 머리 길이를 가지고 아군인지 적군인지를 판가름했다. 중공군은 대부분 머리를 삭발했고, 국군은 머리 길이가 길었기 때문에 야밤에 뒤에서 접근해 머리에 손을 대보고 잡히지 않으면 중공군이라 생각해 사살했다. 칠흑 같은 어둠 속에서 보초를 서고 있는데 누군가 갑자기 내 머리를 만진다고 생각해 보자. 생각만 해도 섬뜩하지 않은가. 참전용사분들도 그때를 회상하면 아직도 가슴이 철렁 내려앉는다고 하니 상상만으로도 끔찍한 전투였던 것이다.

전투가 치열했던 만큼 병력 손실이 컸고, 이를 메꾸려면 급하게 신병을 뽑아 투입해야 했다. 그러나 워낙 치열하게 벌어지는 전투였기 때문에 투입 인원에 대한 인적 사항을 제대로 확인하지 못했다. 이러한 이유로 전투에서 전사하신 용사들의 유가족에게 전사 사실을 제대로 알리지 못했다. 숭고한 참전 용사의 희생 덕분에 우리 국군은 대한민국의 영토를 지켜낼 수 있었다. 훗날 395고지

는 멀리서 바라볼 때 생김새가 마치 말이 누운 모습과 같
다 하여 백마고지라 불리게 된다.

음식이 식기 전에 알아보는
1분 식도락 역사: 강원도

강원도 하면 '감자'가 된 이유

원래 감자는 대부분 남미에서 재배됐다. 콜럼버스가 신대륙을 발견하면서 처음 유럽으로 건너오게 됐는데, 막상 유럽에서는 감자를 기피했다. 맛은 없고 보관하기 까다로운 데다 재배하는 것도 어려웠기 때문이다.

1778년 바이에른에서 왕위계승 전쟁이 벌어지며 오스트리아·프로이센 두 나라는 서로 진영을 맞대고 으르렁거렸다. 하지만 전쟁이 점점 장기전으로 이어지자 식량 확보에 골머리를 앓았다. 그래서 양측은 승리를 위한 전투보다 식량이 보급되지 못하도록 보급로를 끊는 것에 주력했다. 이때 굶주린 병사들은 서로 자기들이 가진 감자밭을 사수하고자 애를 썼는데, 전쟁을 통해 죽은 병사의 숫자보다 감자를 약탈하다 죽은 병사의 숫자가 더 많았다. 그래서 이 전쟁을 두고 '감자전쟁'이라는 별명이 붙었다. 이 전쟁 덕분에 감자를 먹는 사람이 늘어났다. 불과

수십 년 전만 해도 기피 음식이었던 감자가 사람들의 밥
상에 오르게 된 순간이었다.

　감자가 아시아에 소개된 것은 네덜란드 선교사를 통
해서였다. 중국과 일본에 먼저 유입되기 시작한 감자는
18세기부터 본격적으로 재배되었다. 한반도에 감자가 언
제 들어왔는지는 기록이 부족해 알 수 없다. 다만 만주에
서 전해졌다는 설과 전라도에 정박 중이던 영국 상선을
통해 들어왔다는 설만 전해지고 있다.

　척박한 환경에서도 무럭무럭 자라는 감자지만 의외
로 따뜻한 남쪽 지방에서는 재배하기 어렵다고 한다. 그
래서 상대적으로 기온이 낮은 함경도와 강원도 고산지대
에서 재배되었다. 이 때문에 '강원도는 감자'라는 공식이
탄생하게 됐다.

5장

경기도

수라상에 고기가 없다면
먹지 않겠다! '영릉'

위치
경기도 여주시 세종대왕면 왕대리 901-3

운영시간
매일 09:00~17:30(11월~1월)/ 14:30 입장 마감
매일 09:00~18:00(2월~5월, 9월~10월)/ 17:00 입장 마감
매일 09:00~18:30(6월~8월)/ 17:30 입장 마감
매주 월요일 휴무/ 휴무일이 공휴일과 겹칠 경우 다음날 휴무

입장료
대인 500원, 외국인 500원, 지역 주민 250원

대한민국 국민을 대상으로 좋아하는 역사 위인을 물어보면 대부분 이순신 장군과 세종대왕을 언급한다. 득히 세종은 다른 조선의 왕들과 달리 대왕의 칭호가 붙는 국왕이며, 대다수 국민에게 많은 사랑과 존경을 받고 있다. 세종은 재위 기간 동안 백성을 위한 정책을 펴고자 노력했다. 신분의 귀천 없이 천민 출신 장영실을 발탁해 수많은 발명품을 만들었던 것 또한 잘 알려진 사실이다. 우리가 사용하는 한글도 세종대왕이 만든 훈민정음 덕분이다.

그런 이유에서 현재 대한민국 10,000원권 지폐에는 세종의 초상화가 그려져 있다. 그런데 이 초상화는 실제 그의 모습과는 차이가 있다고 한다. 그럼 실제 세종대왕의 모습은 어떨까?

세종은 세상 사람들이 알아줄 정도로 엄청난 육식가였다. 수라에 고기가 없으면 쳐다보지도 않을 정도였다. 이런 세종의 고기 사랑은 아버지 태종과의 일화에서도 잘 드러난다. 당시에는 유교적 예법을 중요시했기 때문에 부모님이 돌아가시면 3년 상을 지냈는데, 그 기간 동안 당연히 육식은 금지였다. 하지만 태종은 자신이 죽어도 아들 세종에게 고기반찬은 꼭 주라고 유언을 남겼다.

설렁탕과 관련된 재밌는 이야기도 있다. 조선 시대에

는 선농단이라는 행사가 있었다. 왕이 직접 땅을 갈며 농사를 권장하는 매우 중요한 행사였다. 그러던 어느 날, 세종이 행사에 참여하고 돌아갈 채비를 하는데 갑자기 비가 쏟아졌다. 금방 그칠 것 같았던 비가 폭우로 변하기 시작하더니 점점 장대비로 변하기 시작했다. 세차게 내리는 비는 그칠 줄 몰랐고 식사 시간도 한참 지나게 되었다. 이때 너무 배가 고팠던 세종은 그 자리에서 소를 잡아 음식을 만들어 먹었다. 이게 바로 선농단 앞에서 먹은 음식이라 해서 설렁탕의 기원이 됐다고 한다.

세종은 고기를 너무 좋아해 편식이 심했다. 게다가 운동조차 하지 않으니 몸은 자연스럽게 비만이 되었다. 비만이 심해지면 높은 확률로 당뇨가 오는데, 세종도 당뇨에 걸려 고생했다. 체중이 감소했고, 시력이 많이 떨어져 앞을 제대로 보지 못할 정도로 건강이 나빠져도 고기만큼은 절대 포기하지 못했다.

밤낮으로 정사에 매진했던 세종은 너무 무리한 나머지 그대로 쓰러지고 말았다. 왕의 건강이 걱정된 어의 전순의가 세종의 건강을 위해 채식 위주의 식단을 꾸렸다. 그런데 세종은 고기반찬이 없다며 반찬 투정을 부렸고, 급기야 단식 투쟁을 시작했다. 두 사람은 닭고기를 먹는 정도로 타협했으나 세종은 입에 맞지 않는 닭고기를 먹는 것도 싫어 식사를 거를 때가 많았다. 결국 세종의 건강을 위해 전순의는 새로운 레시피를 개발했다. 닭고기를 기름에 넣어 튀긴 음식, '포계'였다. 오늘날의 프라이드 치킨과 비슷한 음식이었던 셈이다.

조선 시대의 왕들은 새벽 5시에 일어나 일과를 시작한다. 새벽 6시에 조회를 하면 그때부터 업무의 연속이다. 종일 서류에 치여 살다가 밤 12시가 되면 잠을 청한다. 그러한 생활을 죽을 때까지 하는 것이다. 살인적인 일과를 견디려면 체력 보충이 필수였으니 세종도 육식을 통해 체력을 보충하려고 했던 것이 아닐까 생각해 본다.

세종의 업무 방식은 오로지 '신하가 고생해야 백성이 편안하다'였다. 그만큼 신하들을 들들 볶는 것으로 유명했다. 신하들은 조회 시간이 되면 세종에게 또 혼이 날까 항상 걱정하며 출근했다고 한다. 오늘날 새벽부터 출근해서 사장님한테 욕을 먹고, 혼나는 하루를 생각해 보라. 상상만 해도 매우 행복한 출근길일 것이다. 그래서 밤낮으로 업무에 시달리는 신하들은 저마다 갖은 꾀를 내어 그곳에서 도망치려 했다.

조선 시대 두만강 인근의 6진을 개척할 당시 그곳은 최북방이라 아무도 가려는 이가 없었다. 그러나 세종과 함께 있다가는 제 명에 못 살 것 같았던 김종서가 직접 자원해서 갔다. 또 집현전 학자 중 하나였던 정인지는 툭하면 혼을 내는 세종을 견디지 못하고 모친상을 핑계로 낙향하려 했다. 하지만 이를 알게 된 세종은 법을 바꾸어 내려가지 못하게 했다고 한다.

명재상 황희 이야기도 빠지면 섭섭하다. 대부분 황희를 떠올리면 청백리의 대명사로 알고 있다. 하지만 황희는 임기 내내 부정부패와 비리, 청탁의 온상이었다. 그래서 주위 신하들에게 탄핵을 당해 쫓겨날 뻔했던 적도 많았는데, 그때마다 세종이 보호해 준 덕분에 87세가 되도록 은퇴하지 못했다. 건강이 나빠 은퇴하겠다고 사직서를 내도 집에서 업무를 보라고 할 정도였고, 걷는 게 힘들어 출근을 못 하겠다고 하자 가마를 선물로 주었다. 결국 천신만고 끝에 황희가 은퇴할 수 있었던 때는 그가 죽기 4달 전이었다.

경기도 여주시에 가면 2개의 영릉이 있다. 하나는 세종과 소헌왕후가 묻힌 왕릉이고, 다른 하나는 17대 효종과 인선왕후가 묻힌 왕릉이다. 두 왕릉은 이름만 같고 한자가 달라 보통 '영녕릉'이라 불린다. 세종이 묻힌 왕릉은 왕과 왕후가 함께 묻힌 조선 최초 합장릉이다. 이곳은 천하의 명당으로 풍수지리상 최고의 묘지로 인정받고 있다. 태조의 건원릉·단종의 장릉과 더불어 3대 명당으로 손꼽히는 자리다. 다른 왕릉과는 다르게 능침까지 올라 감상할 수 있으니 올라보는 것도 좋다.

주차장 앞에 있는 별도의 전시관에는 과학 기구를 복제해 전시해 두었다. 효종의 왕릉까지 볼 계획이라면 다시 세종이 있는 왕릉까지 되돌아와야 하는데 이 경우 총 2시간 정도 소요되니 동선 계획을 세우는 게 중요하다. 다만 효종의 왕릉은 왕릉 하나만 있고 전시관은 세종의 왕릉 입구에만 있다. 매표소 직원분께 관람 순서에 대해 문의하면 효종 왕릉을 걸어가서 먼저 보고 그쪽에서 세종 왕릉으로 나오는 걸 권유할 것이다. 산책로와 공원 등이 조성되어 있어 여타 다른 왕릉과는 다른 규모를 자랑하니 꼭 한 번 방문해 보자.

단종의 어머니 현덕왕후의 저주 '광릉'

위치
경기도 남양주시 진접읍 광릉수목원로 354

운영시간
매일 09:00~17:30(11월~1월)/ 16:30 입장 마감
매일 09:00~18:00(2월~5월, 9월~10월)/ 17:00 입장 마감
매일 09:00~18:30(6월~8월)/ 17:30 입장 마감
매주 월요일 휴무/ 휴무일이 공휴일과 겹칠 경우 다음날 휴무

입장료
대인 1,000원, 외국인 1,000원, 지역주민 500원

경기도 포천시에는 수도권을 대표하는 수목원이 있다. 바로 광릉 수목원이다. 이곳은 조선 세조가 살아생전 즐겨 찾던 사냥터였다. 영화 관상을 보면 사냥을 끝낸 수양대군이 웅장한 음악과 함께 멋지게 등장하는 모습을 볼 수 있다. 계단을 오른 수양대군이 김종서를 쳐다보며 미소를 짓는 장면이 있는데, 이곳 광릉 수목원을 다녀온 직후가 아니었을까. 광릉 수목원의 실제 이름은 국립 수목원이다. 1987년 국립 수목원으로 명칭이 확정되었으나 광릉 수목원으로 더 많이 알려졌다. 수목원 옆에 세조의 능인 광릉이 있기 때문이다.

세조는 자신의 어린 조카인 단종을 밀어내고 왕위에 올랐다. 세조는 원래 왕이 될 위치가 아니었으나 문종이 승하하자 그 발톱을 드러냈다. 1453년 김종서·황보인 등 반대파 세력들을 숙청하고 정권을 장악했으니, 이게 바로 계유정난의 시작이었다. 세조는 한명회가 만든 살생부를 통해 자신을 반대하는 인물은 모두 숙청했다. 피와 칼로 일어선 정권이었기 때문에 반대 세력들은 함부로 저항하지 못했다. 그러나 세조가 무서워 겉으로 드러내지 못했을 뿐, 모두가 세조를 지지하는 건 아니었다. 이런 이유 때문인지 유독 세조와 얽힌 야사가 많다. 세조와 연관된 가장 대표적인 이야기는 《금계필담》에 수록돼 있다.

세조가 왕위를 찬탈하자 그의 장녀였던 세희는 아버지에게 큰 실망감을 느꼈다. 단종을 내쫓은 아버지를 비난하며 미워했고, 궁궐이 떠나갈 듯 매일 울기만 했다. 이 소식을 전해 들은 세조는 크게 노하여 딸을 궁궐에서 내쫓았다. 하지만 어머니 정희왕후는 세희를 매우 가엾게 여겨 그녀를 충북 보은으로 보내고 그곳에 거처를 마련해 주었다. 세희는 자신의 신분을 숨긴 채 살았고, 그렇게 그곳에서 만난 사내와 단란한 가정을 꾸렸다.

그로부터 얼마의 시간이 흘렀을까. 세조도 나이를 먹었는지 젊었을 때의 패기는 모두 사라진 지 오래였다. 오히려 왕이 된 자신의 모습을 보며 그간 걸어온 길에 회의감도 느꼈다. 그러던 어느 날, 정사를 돌보다 지쳐 문득 잠이 들었는데, 꿈에 단종의 어머니 현덕왕후가 나타났다. 현덕왕후는 매우 무서운 눈초리를 하고 세조를 노려보았다. 이윽고 자기의 아들을 죽인 세조를 꾸짖으며, 누워 있는 세조의 목을 조르기 시작했다. 세조는 필사적으로 저항하다 한참 만에야 현덕왕후의 손을 뿌리칠 수 있었다. 그러자 현덕왕후는 살기 위해서 발버둥치는 세조를 나무라며 몸에 침을 뱉고는 사라졌다.

꿈에서 깬 세조는 너무 괴이하다 여겼다. 꿈에서 현덕왕후의 침이 묻었던 곳을 보니 마침 그 부위에 종기가 나 있었다. 놀란 세조가 전국 각지의 명의를 불러 자신의 종기를 치료하게 하였으나 소용이 없었다. 온몸으로 퍼지기 시작한 종기를 보며 속을 앓던 중, 그는 종기를 치료하는 데에 온천욕이 좋다는 이야기를 듣게 된다. 세조는 곧바로 온천을 향해 길을 떠났다가 우연히 그곳에서 자신이 내쫓았던 딸 세희를 만나게 된다.

딸과 눈물로 재회한 것도 잠시, 그간 세희가 어떻게 살아왔는지 전해 들은 세조는 자신이 벌인 행동에 대해 반성했다. 곧장 딸 세희에게도 자신의 잘못을 빌고 용서를 구했다. 마침 세희의 남편이 곁에 있어 신분을 묻자 그는 세조가 죽인 김종서의 손자라고 했다. 계유정난이 일어났을 때 지방으로 유학을 와 있던 터라 화를 면했다는 이야기를 듣고 세조는 크게 탄식했다. 그리고 속죄의 의미로 딸 세희와 정식으로 혼례를 올려 주고 그를 왕실의 부마로 맞이하려 했다. 하지만 딸 부부는 마음만 받겠다며 그 자리에서 홀연히 사라졌다. 이 《금계필담》에 실린 내용을 바탕으로 제작된 드라마가 바로 2011년 KBS2에서 방영된 〈공주의 남자〉다.

《금계필담》은 다른 야사와는 다르게 서적이나 문헌을 참고해 쓴 것이 아니다. 순수하게 구전으로 전해지는 이야기로만 쓴 책이다. 그래서 실제 기록된 《조선왕조실록》의 기록과는 다른 점들이 있다. 《조선왕조실록》을 보면 세조의 딸은 의숙공주 1명으로 기록되어 있다. 김종서의 일가족은 계유정난 이후 양반가의 노비들로 팔려 갔기 때문에 그 손자가 살아있다고 한들 누구인지 알 길이 없다. 그러나 세종대왕릉 지문에는 수양대군이 2남 2녀를 두었다고 기록하고 있다. 만약 1명이 의숙공주라면, 다른 1명은 《금계필담》에 실린 세희가 아닐까.

유교를 숭상하던 조선은 불교의 세력을 축소하는 숭유억불 정책을 통해 왕권을 강화하고자 했다. 그러나 세조는 자신의 과거에 대한 후회 때문인지 죽을 때까지 불교를 믿었고, 불교를 탄압하지 않았기 때문에 불교와 관련된 야사에서 세조는 비교적 좋은 평가를 받고 있다. 불교와 관련된 세조의 이야기를 하나 더 소개하려 한다. 문수보살과 관련된 이야기다.

세조는 종기를 치료하기 위해 온천을 자주 찾았다. 그러나 효과가 없어 부처의 힘에 기대고자 많은 사찰을 찾아다녔는데, 하루는 불경을 드리기 위해 강원도 오대산 기슭에 있는 상원사를 찾았다. 때마침 세조가 법당에 들어서려고 하니 웬 고양이가 나타나 세조를 막아서는 게 아니겠는가. 자신의 길을 막는 고양이가 귀여웠던 것도 잠시, 세조는 예삿일이 아님을 알아챘고 이내 법당을 수색하자 숨어 있던 자객이 나타났다. 세조에게 발각된 자객은 놀라 도망쳤다. 세조는 자신의 목숨을 살려 준 고양이를 위해 석상을 만들어 주었다. 그래서 지금도 상원사를 방문하면 세조가 만들어 준 고양이상 2개가 법당 앞에 놓여있다.

상원사와 세조가 얽힌 야사는 또 있다. 어느 날 세조가 온천욕을 하다가 마침 그곳을 지나가던 동자에게 등을 밀어달라고 부탁했다. 동자는 군소리 없이 세조의 등을 밀어 주었다. 목욕을 마치고 몸이 날아갈 듯 가벼워지자 세조는 기쁜 마음에 동자에게 고마움을 표했다. 그러고는 왕의 옥체를 만진 죄가 워낙 크니, 누가 물어보거든 그런 적 없다고 둘러대라 했다. 그러자 동자도 어디 가서 문수동자를 봤다고 하지 말라며 이내 사라져 버렸다.

문수동자 덕분에 병세가 호전된 세조는 화공들을 불러 동자의 모습을 그리게 했다. 그런데 실제로 본 사람이 아무도 없어 동자를 그리지 못했다. 유일하게 동자를 그린 사람은 누더기를 걸친 노스님이었다. 그림을 본 세조가 노스님에게 어디서 왔냐고 물으려던 찰나, 노스님은 이내 사라져 버렸다. 세월이 흘러 의숙공주가 아버지의 이야기를 듣고 문수동자상을 조각해 절에 보관했는데, 상원사에 가면 이 동자상을 볼 수 있다.

　여러 이야기가 전해지고 있으나 세조에 대한 세간의 평가는 그리 좋지 못하다. 강력한 왕권을 구축했고, 여러 업적을 남겼다고 전해지지만, 실제로는 계유정난의 명분을 강화하고자 노력한 부분이 더 크다고 볼 수 있다. 단종은 정통성이 매우 강한 군주였는데도 불구하고 세조에 의해 폐위되었다. 만약 문종이 단종을 낳지 못하고 사망했다면 역사가 달라졌을 수도 있지만, 이것은 어디까지나 결과론적인 이야기일 뿐이다.

　세조가 묻힌 광릉은 매표소에서 표를 끊고 뒤로 돌아 들어가야 올라가는 길이 나온다. 초입에는 '하마비'라고 적힌 작은 비석이 하나 있다. 어느 왕릉을 방문하던 볼 수 있는 하마비는 지위 고하를 막론하고 모든 사람이 말에서 내려야 한다는 뜻을 담고 있다.

　세조의 능은 다른 능과는 다르게 '동원이강릉'의 형태로 조성되었다. 같은 산줄기에 좌우 언덕을 달리하여 왕과 왕비를 따로 모시고 중간에 정자각을 세우는 방식이다. 이곳은 무더운 여름에도 우거진 나무에 가려 시원함을 주는 곳이다.

　1998년에 방영한 <왕과 비>는 세조의 일대기를 담

은 드라마였다. 당시 나의 아버지께서 열렬한 애청자셨던 지라 주말마다 수목원에 돗자리를 펴고 낮잠을 잔 뒤, 광릉을 산책하는 것이 가족 산책코스였다. 그리고 광릉을 올라갈 때면 아버지께서는 내 손을 꼭 붙잡으시며 공부 열심히 하자고 다독이셨다. 물론 그 말을 들었다고 해서 열심히 하지는 않았지만 말이다. 자녀와 두 손을 꼭 잡고 가더라도 공부 이야기는 잠시 접어 두자. 또 공부 소리냐고 할지도 모르니까.

해장국의 기원과 전복에 담긴
슬픈 이야기 '남한산성'

위치
경기도 광주시 남한산성면 산성리 산23

운영시간
24시간 운영(연중무휴)

입장료
무료

1636년, 병자호란이 일어났다. 조선의 16대 왕 인조는 서둘러 강화도로 피난길에 올랐으나 청나라 군사에게 길이 막혀 앞으로 나아가지 못했다. 쫓기듯 남쪽으로 피신한 인조는 남한산성에 들어가 항전을 시작했다. 하지만 준비된 전쟁이 아니었기 때문에 식량이 부족했고, 인조를 구하러 오던 근왕군도 청나라 군사에게 격파당했다. 여기에 남한산성으로 피신한 조정 대소신료들 또한 싸우자는 김상헌과 화친하자는 최명길을 중심으로 극심히 대립하고 있었다.

갈피를 잡지 못하던 인조는 결국 항복한 뒤 훗날을 도모하자는 최명길의 주장을 받아들인다. 마침내 45일 만에 스스로 성문을 열고 삼전도까지 나온 인조는 우뚝 솟은 단상에 앉아 자신을 노려보는 홍타이지(청나라 태종) 앞에 섰다. 그리고 군신 관계 예법에 따라 세 번 무릎 꿇고, 아홉 번 머리를 조아렸으니, 삼궤구고두례. 바로 삼전도의 굴욕이었다.

이러한 가슴 아픈 역사가 있는 남한산성은 성남·하남·광주에 걸쳐 있는 남한산의 산성이다. 어디로 진입을 하든 남한산성으로 들어갈 수 있으나 성남에서 진입하는 도로가 더 편하게 운전할 수 있다. 광주에서 진입하는 도

로는 운치가 있으니 성남에서 진입하여 남한산성을 구경
하고, 광주 방향으로 내려가는 쪽이 가장 좋은 드라이브
코스다.

남한산성의 성문은 한양 도성과 똑같이 4개의 성문
으로 이루어져 있는데, 동문(좌익문)·서문(우익문)·남문(지화
문)·북문(전승문)으로 나뉜다. 특히 서문 근방에는 전망대
가 있어 위례신도시·롯데월드타워·서울타워까지 한눈에
볼 수 있다. 서울시 야경을 관람하는 데에 최적의 장소로
손꼽힌다.

남한산성을 방문하면 수많은 음식점이 들어선 걸 볼
수 있다. 이곳은 조선 시대부터 해장국 맛집이 많았다고
한다. 해장국의 기원에 대해 전해져 오는 건 없으나 해장
국이라는 이름으로 대중 요리가 된 것은 조선 시대부터
다. 무엇보다 새벽종이 울릴 때 먹는 국이라 해서 '효종
갱'이라 불렀다. 기본적으로 배추와 콩나물이 들어가나
지역에 따라서는 해삼이나 전복 등을 넣기도 한다. 남한
산성 일대에서 해장국을 끓여 한양으로 배달하기도 했는
데, 국이 배달되는 동안에는 식지 않도록 솜에 싸서 보냈
다. 그만큼 들어가는 음식 재료도 많거니와 손이 많이 가
는 음식이라 가격이 비싼 고급 요리였다.

비싼 값을 치르고 해장국을 먹을 수 있는 사람들은

대부분 양반계층이라 꼭두새벽부터 하인들을 시켜 남한산성에서 해장국을 가져오게 했다. 서울 도심에서 남한산성까지 차로 이동해도 시간이 걸리는 곳을 마땅한 교통편이 없었던 조선 시대에는 걸어서 다녔을 테니 하인들이 꽤 고생했을 것이다. 그래서 이런저런 현실적인 문제로 원래 해장국의 기원은 서울시 중구 청진동 인근이라는 이야기도 있다. 경주에서 파발을 띄워 한양으로 배달했다는 설도 있으나 신빙성은 없다.

해장국에 들어가는 재료들 일부는 쉽게 구할 수 있는 것들이지만 전복은 이야기가 다르다. 특히 동아시아권 국가에서는 전복이 매우 귀했던 만큼 쉽게 먹을 수 있는 음식은 아니었다. 지배계층 일부만이 전복을 먹을 수 있었고, 바다가 아닌 내륙 깊숙한 지역에 거주하는 사람들은 대부분 전복을 말려서 먹었다고 한다.

전복은 조선 시대에 이르러 국왕에게 바치는 진상품 중 하나였다. 그렇다 보니 부족하지 않게 보관해야 했다. 현대에 이르러서는 양식이 가능하니 쉽게 접할 수 있는 식재료지만 당시에는 해녀들이 일일이 전복을 채취해 진상했다. 국왕이 먹는 수라상에 올라가던 재료라 보안 역시 철저해야만 했다.

　조선은 병자호란에서 패배하면서 명나라와 사대 관계가 끊어지고, 청나라와 새로이 군신 관계를 맺게 되었다. 더불어 소현세자를 비롯해 부인 강빈과 동생이던 봉림대군 부부가 수십만의 백성들과 함께 볼모로 끌려갔다. 청나라에 끌려간 소현세자는 청나라 수도 심양에서 약 8년간 생활하게 되는데, 이때부터 청나라의 선진화된 문물을 눈으로 직접 보고, 배울 수 있었다.

　소현세자는 부인 강빈의 권유로 그가 묵고 있던 숙소 근처에 농장을 지어 끌려온 조선인 농부를 농장에서 일하게 했다. 농장에서 나온 수익금은 청나라 고관 대신들과 친분을 쌓고 인맥을 쌓는 데에 사용됐다. 소현세자가 벌인 일은 조선인들을 다시 고국으로 돌려보내는 데에 활용됐으나 이러한 행보에 크게 불만을 가진 사람이 있었다. 바로 소현세자의 아버지 인조였다.

　인조는 원래 왕이 될 수 없는 위치였으나 15대 광해군의 폭정을 핑계로 반란을 일으킨 반군들에게 추대돼 왕이 되었다. 정통성이 약했던 인조는 늘 불안에 떨어야 했다. 자신도 왕위를 빼앗은 셈이니 누군가 또 자신을 쫓아내지 않을까 겁을 냈다. 이러한 인조의 속사정을 파악하고 있던 청나라는 인조가 말을 듣지 않을 때마다 소현세자를 들먹이며 강제로 폐위하겠다고 으름장을 놓기도 했다. 청나라의 압박이 수년간 반복되자 인조는 자신에게 가장 위협이 되는 존재가 다름 아닌 소현세자라고 생각했다. 보통의 아버지였다면 자기 때문에 고생하는 아들을 그렇게 생각하지 않았겠지만 말이다.

마침내 소현세자는 청나라 황실의 신임을 얻어 조선으로 귀국했다. 하지만 아버지 인조는 고생하고 온 아들을 위해 어떠한 위로의 말도 건네지 않았을 만큼 소현세자를 경계했다. 결국 소현세자는 볼모 생활 때부터 앓고 있던 병이 도져 귀국한 지 3달 만에 사망하게 된다. 왕위에 오를 예정이던 세자가 죽었으니 소현세자의 아들이 다음 세자에 책봉됐어야 했다. 하지만 인조는 대신들의 반대에도 자신의 차남 봉림대군을 세자에 책봉하게 된다.

소현세자가 죽고 얼마 뒤, 누군가 인조가 총애하던 후궁 소용 조씨를 저주하는 사건이 벌어졌다. 조씨는 인조가 자신을 총애하고 있다는 사실을 잘 알고 있었다. 그래서 자기가 싫어하는 사람들을 이유 없이 모함하곤 했는데, 이러한 조씨의 행실 때문에 다른 후궁들조차 조씨를 멀리하거나 멸시했다. 결국 누군가가 조씨를 저주하고 있다는 이야기가 궁궐 내부에 파다해졌고, 조씨는 자신의 억울함을 인조에게 하소연하기 시작했다. 그러나 얼마 가지 않아 이 일은 조씨의 자작극임이 밝혀지고 말았는데,

인조는 거짓말을 한 조씨를 처벌하지 않았다. 오히려 이 사건을 소현세자의 아내이자, 자신의 며느리인 강빈을 제거할 소재로 활용하고자 했다.

1646년 1월, 인조의 수라상에 올라온 전복에서 독이 발견되는 사건이 일어났다. 당연히 의금부에서 조사해야 할 사건이었다. 그러나 인조는 며느리 강빈을 잡아들여 고문하기 시작했다. 소현세자가 죽은 일이 자기 때문이라 여겨 독살을 시도한 것이 아니냐는 누명이었다. 없는 일을 사실대로 고하라 하니 나올 리가 없었다. 신하들도 공식적인 수사를 요청했을 만큼 강빈의 죄명은 명분마저 부족했으나 인조는 듣지 않았다. 그는 오히려 강빈에게 모든 혐의를 뒤집어씌워 사약을 내렸다.

강빈이 죽자 소현세자의 세 아들도 제주도 유배형에 처해졌다. 인조는 자신의 친손자를 유배형에 처하는 매정함을 보였다. 반정으로 즉위했기 때문에 정통성이 약했다고는 하나 인조가 벌인 일은 천륜을 저버리는 일이었다. 물론 청나라에게 굴복해 머리를 찧는 수모를 당했던 데다 계속되는 압박으로 분명 힘든 상황이었을 것이다. 하지만 왕의 권력이라는 것이 아들과 며느리, 손자를 죽음에 몰아넣을 만큼 대단한 것이었을까? 한 번쯤 생각해 볼 필요가 있다.

술 좋아하는 직장 상사가 국왕이라면? '수원화성'

위치
경기도 수원시 장안구 영화동 320-2(수원화성)

운영시간
1. 수원화성
24시간 운영(연중무휴)

2. 화성행궁
매일 09:00~18:00(17:30 입장 마감, 이후 21:30까지 야간 개장)

입장료
1. 수원화성
무료

2. 화성행궁
대인 1,500원, 청소년·군인 1,000원, 어린이 700원

최근에는 회식 문화가 많이 바뀌었다. 술을 강요하지 않을뿐더러 회식이 업무의 연장이라는 문화도 많이 없어졌다. 하지만 예나 지금이나 술을 좋아하는 사람과 같이 있으면 곤혹스러울 때가 많은 것은 사실이다. 술을 잘 마시지 못하는 사람은 직장 상사와 함께 하는 술자리가 더욱 부담스러울 수밖에 없다. 상사가 권하는 술잔을 거절하는 것도 눈치가 보이고, 괜찮다고 하는 상사가 정말 괜찮은지 알 수 없기 때문이다. 그런데 술을 권하는 사람이 단순 직장 상사가 아닌 국왕이라면, 당신은 과연 거절할 수 있을까?

조선 22대 왕 정조는 조선 후기 르네상스를 이끌었던 국왕이다. 조선 시대 여러 국왕 중에서 지덕체를 겸비한 인물은 정조뿐이었다. 보통 국왕들은 앉아서 책을 읽거나 업무를 보는 경우가 많았기 때문에 훌륭한 업적을 남긴 세종은 비만이었고, 조선의 기틀을 잡은 성종 역시 운동에는 관심조차 없었다.

정조도 어려서부터 책을 손에서 놓지 않았고, 왕위에 오른 뒤에도 어머니 혜경궁 홍씨를 만나 자신이 읽은 책이 어땠는지 소감을 들려줬다. 이렇게 정조가 독서광이 된 이유는 아버지 사도세자의 죽음과도 연관이 있다. 두

눈 시퍼렇게 뜨고 왕의 꼬투리만 잡으려는 신하들을 능력으로 찍어 누르기 위해서는 많은 것을 알아야만 했다. 소위 말발에서 밀리지 않아야 신하들을 다스릴 수 있다고 생각했을 것이다.

조선에는 '경연'이라 해서 신하들이 국왕에게 유학의 경서와 사서를 가르쳐 주는 제도가 있었다. 국왕과 신하가 서로 토의하며 소통하는 자리였다. 하지만 정조는 신하들이 무식하니 자기가 가르쳐 주겠다며 경연을 없애고, 일종의 신하 재교육 제도인 '초계문신제도'를 만들었다. 그만큼 자신의 학문적 깊이와 배움에 대해 자신이 있었다는 뜻이다. 《조선왕조실록》의 기록에도 정조가 신하들에게 그런 것도 모르냐며 무안 주는 경우가 많았다고 적혀 있다.

정조는 아버지 사도세자를 닮아 무예와 병서에도 많은 관심을 보였다. 특히 활을 매우 잘 쐈는데, 이상하게도 10발을 쏘면 정확히 9발만 맞췄다. 1발은 겸손의 미덕이라며 일부러 맞추지 않은 것이다. 9발만 맞추겠다고 마음 먹었다고 해서 9발만 맞춘 것도 대단하다 볼 수 있다. 더불어 의학에도 조예가 깊어 《동의보감》의 내용을 직접 보충하기도 했다. 정조는 문무 가리지 않고 모든 분야에서 뛰어난 모습을 보여 준 국왕이었다.

정조는 불같은 성격이었으나 한편으로는 굉장히 리더십 있는 사람이었다. 그런 그가 유독 부드러워질 때가 있었는데, 그게 바로 술을 마실 때였다. 평소에는 술을 마시지 않다가 한 번 마시기 시작하면 들이부을 정도라, 정조가 술에 취하는 날이면 주변 사람들은 당황해서 어찌할 바를 몰랐다. 술에 취하면 다른 사람에게 술을 권하는 게 정조의 술버릇이었기 때문이다.

얼마나 유명한 사실이었으면 수원화성 팔달문 시장에는 정조가 술을 마시는 동상까지 세워져 있다. 재미있는 점은 취하지 않으면 집에 못 간다는 글귀가 동상에 새겨져 있다는 것이다. 정조의 동상에 담긴 이 글귀는 백성들이 부강해졌으면 하는 마음과 함께 조선이라는 나라를 부강하게 만들겠다는 의미를 담고 있다고 한다.

막걸리의 기원이 되는 탁주는 쌀이나 보리 등 곡식으로 밑밥을 지은 뒤 증류하고 물을 부어 발효시키는 방법으로 만들었다. 그런데 먹고사는 문제를 크게 걱정하지 않아도 되는 오늘날과 달리 조선 시대에는 곡식 한 톨이 소중했다. 정조의 할아버지였던 21대 영조 대에는 흉년이 들어 곡식을 함부로 낭비하면 안 된다는 이유로 전국에 금주령을 내렸던 일도 있었다.

조선 시대뿐만 아니라 나라에 흉년이 들면 왕가의

덕목이라 하여 국왕들이 직접 솔선수범하며 술을 입에 대지 않았다. 영조 또한 약 50여 년간 술을 입에 대지 않았다고 전해진다. 하지만 술을 많이 좋아했던 정조는 할아버지의 명을 어기고 몰래 숨어서 술을 마셨다. 지나가던 사람에게 술 마시는 걸 들키면 술이 아니라 오미자로 만든 차라며 위기를 넘기기도 했는데, 이처럼 술을 좋아했던 정조는 자신이 왕이 되자마자 금주령을 폐지했다. 그래서 정조가 재위하던 시절에는 유독 술과 얽힌 일화들이 많이 전해진다.

정조가 통치하던 시기에는 야간통행 금지법이 있었다. 해가 지고 나면 사대문을 모두 걸어 잠그고 통행을 엄격히 금지하곤 했었다. 그러던 어느 날 순찰자가 궁궐 담벼락에 기괴한 모양으로 붙어 있는 흰 물체를 보고 놀라서 자빠졌다. 술에 취해 뻗어버린 성균관 유생을 발견한 것이다. 유생들은 대부분 성균관 기숙사에서 살고 있었는데, 단체 생활인만큼 통금 시간을 지켜야만 했다. 하지만 길에서 뻗은 이 유생은 술을 너무 좋아했다. 그래서 얼른 마시고 가자는 생각으로 대낮부터 술을 마셨다가 복귀하지 못하고 발견된 것이었다. 유생은 그 자리에서 곧바로 체포되었고, 이러한 사실 또한 정조에게 보고되었다. 그

러나 정조는 껄껄 웃으면서 유생을 벌하지 않았다. 오히
려 술을 자주 마시고 풍류도 즐기라며 왕명으로 석방했
다. 벌을 받을까 두려웠던 유생은 오히려 두둑한 술값을
상으로 받자 어안이 벙벙했다.

이 사건을 계기로 정조는 호기심이 발동했다. 성균관
유생들이 술을 얼마만큼 잘 마시는지 궁금했던 것이었다.
그래서 유생들을 모아 놓고 이들을 위로해 준다는 명목
으로 술판을 벌였는데, 국왕이 합석한 술자리다 보니 술
을 마시지 못하는 유생들은 감히 거절할 생각조차 하지
못했다. 임금이 주는 대로 넙죽넙죽 받아 마시며 하나둘
씩 몸을 가누지 못할 정도로 취해 버렸을 때쯤, 가장 술을
잘 마시는 유생 하나가 홀로 버티고 있는 것을 보았다. 정
조는 곧바로 그에게 다가가 연거푸 5잔을 내렸는데, 결국
이 유생조차 5잔을 다 마시고는 곧바로 잠들었다. 정조는
모두가 술에 취하자 흐뭇한 미소를 짓고는 그 자리에서
떠났다고 한다.

조선 후기 실학자 정약용과의 일화도 있다. 정조는
유독 정약용을 아껴 그의 재주를 늘 칭찬해 왔는데, 이 둘
사이에 안 맞는 게 딱 하나 있었으니 바로 술이었다. 정조
는 술을 먹기 시작하면 취할 때까지 마셨던 반면, 정약용

은 술을 못해서 입에 대지 않았다. 정조는 국정을 논의한
다는 이유로 매번 정약용을 불러 술을 마셨는데, 그때마
다 술이 약한 정약용이 취해 널브러진 모습을 보며 너무
좋아했다고 한다.

하지만 술을 잘 마시지 못하는 정약용은 매 순간이
고역이었다. 아무리 마셔도 주량은 늘지 않았고, 정조는
직장 상사이니 거절할 수도 없었다. 여느 때처럼 정조와
술을 마시던 정약용은 거나하게 취해 더 이상 술을 먹기
싫다며 투덜거린 적이 있었다. 정약용의 소심한 반항이
귀여웠던 정조는 그럼 끝말잇기를 해서 지는 사람이 술
을 먹자고 했다. 정약용도 나름 머리가 좋은 편이라 자신
이 있었는지 내기를 수락했으나 결국 술을 계속 마셔야
하는 대상은 정약용 본인이었다.

이처럼 정조와 관련된 이야기들은 재미있고 유쾌한
장면들이 많다. 활화산 같은 열정을 기반으로 백성들이
풍요롭게 살 수 있게 노력했으며, 백성들이 힘들어 하면
임금이 정치를 못 해서라며 미안해했다. 그리고 그러한
바람을 담아 수원화성을 건설해 이상적인 도시를 만들고
자 했다. 아쉽게도 6·25 전쟁으로 인해 성벽 대부분이 복
원하기 힘들 정도로 파손되었으나 건축 과정과 기법을

담은 《화성성역의궤》가 발견됐다.

　이를 바탕으로 수원화성은 완벽하게 복원될 수 있었고, 수백 년 전의 그 모습 그대로 우리에게 전해졌다. 그 결과 수원화성은 조선 후기의 문명과 전통을 가장 잘 보여 주는 독보적인 화성으로 남아 1997년 유네스코 세계문화유산으로 지정되었다.

한국식 자장면의 기원
'차이나타운'

위치
인천시 중구 차이나타운26번길 12-17

운영시간
24시간 운영(연중무휴)

입장료
무료(일부 박물관 입장료 있음)

오늘은 뭘 먹을까? 이런 고민을 한 번쯤은 해봤을 것이다. 지금은 먹을 게 풍족하니 사람들이 건강을 위해 식사를 거르기도 한다. 하지만 과거에는 끼니를 해결하는 것이 인류 최대의 숙제였다. 식량 확보가 안 되면 반란도 일어나고, 정권이 바뀌기도 했다. 새로운 지배자들은 백성들이 배부르게 먹을 수 있도록 하는 것이 미덕이자, 숙제였다. 그런데 인류가 수천 년간 고민해 온 식량이 완전히 해결된 시점은 반세기 정도밖에 되지 않았다. 과학 기술의 발달로 대량 생산이 가능해졌고, 인류가 효율적으로 음식을 섭취할 수 있도록 개량되었기 때문이다.

그뿐만이 아니다. 과거에는 너무 귀해서 먹지 못했던 음식들이 집으로 배달되는 시대가 됐다. 간단하게 먹을 수 있는 음식부터 고급 요리까지 수많은 음식이 우리 밥상에 오른다. 이 중에서 가장 부담 없이 먹을 수 있는 음식을 추천한다면 어떤 음식이 생각나는가? 대부분 자장면을 떠올릴 것이다.

자장면의 기원으로 알려진 음식은 작장면으로, 장을 볶아 면과 함께 젓가락으로 섞어 먹는 음식이다. 굳이 표현하자면 일본식 마제 소바가 비슷한 음식이라고 볼 수 있다. 작장면은 베이징·산둥성 등 북방 지역에서 많이 찾아 볼 수 있다. 상대적으로 쌀 생산량이 많은 남방 지역은 주로 쌀국수를 먹는다. 그래서 남방 지역에 거주하는 중국인들은 작장면이 무엇인지 모르는 경우도 있다.

작장면의 기원에 대해 정확히 아는 사람은 없다. 2천 년 전 진나라 시황제와 얽힌 일화가 하나 전해지고 있을 뿐이다. 어느 날, 면 요리가 먹고 싶었던 시황제는 국수 요리 전문가를 불렀다. 요리사는 지엄한 시황제 앞에 서자니 제대로 서 있기조차 힘들어 다리가 후들거릴 지경이었다. 너무 당황한 나머지 장을 볶아 면에 올렸는데 생전 처음 보는 음식에 사람들은 수군거렸다. 시황제도 처음 본 음식이라 요리사에게 무슨 음식인지 묻자, 요리사는 잘못 만들었다고 하면 큰일 날까 우려해 새로운 메뉴라고 둘러댔다. 그게 바로 작장면의 시작이었다.

현재 국내에서 작장면을 맛볼 수 있는 곳은 흔하지 않다. 대부분 한국식 자장면의 수요가 많으니 작장면을 굳이 찾을 필요도 없다. 어디서든 전화 한 통이면 배달까지 해 주는 음식이기 때문이다. 하지만 시대를 조금만 거슬러 올라가도 자장면은 누구나 먹을 수 있는 음식이 아니었다. 1960년대의 자장면은 졸업식 같은 특별한 날이거나 집안 행사가 있는 날에만 어른들과 함께 먹을 수 있는 고급 요리였다.

그렇다면 한국식 자장면의 유래는 언제, 어디서 시작
됐을까? 바로 인천 차이나타운에서 한국식 자장면의 유
래를 찾아볼 수 있다. 이곳은 과거 청나라 노동자들의 거
주지로, 차이나타운 최초의 시작은 고려 시대까지 거슬
러 올라간다. 당시 고려는 북송과 거래를 하고 있었기 때
문에 양국을 오가던 무역상들의 보급소가 인천에 있었다.
그리고 시간이 흘러 청나라 말기 노동자 계층이었던 한
족이 해외로 퍼져 나가며 자리를 잡았는데 인천 차이나
타운도 그중 하나였다.

이때 산둥성에 거주하는 노동자들이 대거 인천으로
들어왔다. 그들은 서로 공동체를 이루며 모여 살았고, 사
람들은 이들을 화교라고 불렀다. 화교가 들어오자 산둥성
가정식으로 유명했던 작장면 또한 인천항을 통해 들어왔
다. 화교는 차이나타운의 노동자들에게 작장면을 만들어
팔기 시작했고, 그때부터 청나라 요리집이 생겨났다. 그
리고 작장면을 먹기 위해 청나라 음식점을 찾는 사람들
도 덩달아 늘어나기 시작하면서 점점 서민 음식으로 자
리 잡게 되었다.

1960년대 이르러 정부는 작장면 가격에 손을 대기
시작했다. 정가제를 시행해 가격을 비이상적으로 올려 폭

리를 취하지 못하게 했다. 이는 외국 자본을 바탕으로 장사를 하는 화교들도 마찬가지였다. 대부분의 음식 재료를 수입해서 장사하니 외화 반출에 대해 심하게 제재를 받았다. 더불어 식품위생법 제정으로 작장면에 쓰일 장을 만들려면 허가가 필요했다. 그래서 화교들은 한국식 면장, 즉 춘장을 사용하기 시작했는데, 그때부터 검은색 작장면이 등장했다.

춘장이 유통되기 시작한 이래 일부 화교들이 중화요리 고유의 맛을 위해 중국식 면장을 제조했다. 그러나 정부는 이번에도 외국 자본이라는 이유로 상표등록을 해주지 않았다. 이에 반발한 일부 화교들이 상표등록을 하지 않고 면장을 유통하는 일이 벌어졌다. 이 사실을 알게 된 정부는 곧장 공장을 강제 폐쇄시켜 화교가 작장면을 만들 수 없도록 조치했다.

면장 제조가 금지되자 춘장을 사용하게 된 화교들은 한국식 작장면을 개발했다. 원가 절감을 위해 장을 볶을 때는 고기 대신 채소를 넣고, 육수를 뽑아 국처럼 양을 늘리기도 했다. 육수로 볶은 장은 서민들의 입맛을 사로잡았고, 전국으로 퍼졌다. 당시 정부는 쌀 소비량 증가로 쌀이 부족해지자 밀가루 소비를 장려했다. 밀가루가 대중화되면서 자연스레 작장면도 인기를 끌게 되었으며, 중국집이 대중화되자 화교가 아닌 한국인이 운영하는 중국집이 늘어났다.

2000년대에 이르러 대한민국에 조선족 출신 중국인이 대거 유입되었다. 그들을 통해 양꼬치·마라탕 등 여러 만주 요리가 등장했다. 몇 년 전만 해도 생소했던 음식들이지만 현재는 많은 사람이 찾고 있는 음식 중 하나다.

2010년대부터 중국인에 대한 인식이 많이 나빠지기 시작했다. 여러 범죄와 연루된 기사들이 쏟아져 나온 데다 중국의 동북공정 프로젝트가 그 원인이었다. 하지만 인천 차이나타운에 사는 사람들은 대만, 즉 중화민국 출신 사람들로 청나라가 멸망하고 중화민국이 세워진 1911년, 신해혁명 전후로 이주한 화교들이 대부분이다. 이들은 대부분 한국으로 귀화를 택해 이중국적을 가졌는데, 이곳을 방문하면 '오성홍기'가 아니라 '청천백일만지홍기'가 걸려 있는 이유가 여기에 있다. 그래서 차이나타운 화교들에게 중국인이냐는 질문은 매우 실례되는 질문이니 조심하는 것이 좋다.

과거 이곳을 방문했을 때는 일부 건물들이 낙후되어 음산했다. 그러나 인천시가 대대적으로 정비하여 매우 깔

끔해진 뒤로 많은 관광객이 찾는 중이다. 더불어 차이나타운에 있는 자장면 박물관은 옛 공화춘 건물을 리모델링한 곳으로, 국내에서 최초로 자장면 상표를 달고 판매한 곳이다. 즉 원조 중의 원조인 셈인데, 현재 차이나타운에서 공화춘 이름을 걸고 판매하는 음식점은 간판만 가지고 와서 자장면을 판매하는 매장이다. 원조 공화춘은 폐업하고 이름을 바꿔 다른 곳으로 이전했으나 그때의 분위기를 느끼고 싶다면 자장면 박물관을 방문하는 것이 좋다.

인천항이 개항하고 여러 문물이 들어오며 인천에 많은 일본인과 화교가 거주했다. 그래서 일본식 건물과 청나라 양식의 건물들도 드문드문 자리하고 있다. 그러나 금강산도 식후경이라고 했던가. 만약 작장면을 먹고 싶다면 아무 곳에 들어가 "백년(옛날) 자장면 주세요!"를 외쳐보자. 작장면이 어떤 음식인지 조금은 알 수 있다.

음식이 식기 전에 알아보는
1분 식도락 역사: 경기도

'이천 쌀'은 왜 임금님이 드실까?

어느 날, 조선의 성종은 할아버지인 세종대왕이 묻힌 영릉을 성묘한 후 돌아오고 있었다. 식사 시간이 되어 성종은 수라를 받았는데, 밥맛이 예사롭지 않았다. 주위에 어디서 난 쌀인지 묻자 이천 쌀이라는 답변이 돌아왔다. 밥을 맛있게 먹은 성종은 크게 만족해하며 앞으로 이천 쌀을 수라에 올릴 것을 지시했다. 그래서 이천에서 나는 쌀은 "임금님이 먹는다."라는 수식어가 붙어 '임금님표 이천 쌀'이라는 이름이 탄생하게 됐다.

이천시 쌀 문화 축제 홈페이지에 접속하면 이천 쌀과 성종의 이야기를 찾아볼 수 있다. 이천 부사 복승정의 문헌에서 발췌했다는 내용이 있으나 출처는 다소 불명확하다. 《조선왕조실록》에는 이천 부사 복승정의 임기가 끝나자, 유임을 청한다는 이천 백성들의 기록만 전해지고 있다. 그밖에 다른 기록을 찾아보면 이천에서 나는 쌀은

품질이 매우 좋다는 이야기가 유독 많다. 아무래도 "임금님이 먹는 쌀이다."라는 이야기 때문인지 명성은 대단했던 모양이다.

이천시를 방문하면 이천 쌀로 만든 한정식 음식점을 심심치 않게 찾아볼 수 있다. 전체적인 가격은 높은 편이고, 맛집이라고 볼 수 없는 곳도 있다. 그러나 이천시가 심혈을 기울여 고품질 쌀을 생산하고 있는 만큼 가족들과 한 번 방문하는 것도 좋은 선택이 될 것 같다.

6장

서
울

유교의 다섯 가지 덕목,
인의예지신 '사대문과 보신각'

위치
동대문(흥인지문): 서울시 종로구 종로 288
서대문(돈의문): 서울시 종로구 평동 112번지 ▶ 소실되어 터만 남아있음
남대문(숭례문): 서울시 중구 세종대로 40
북대문(숙정문): 서울시 종로구 삼청동 산 25-22
보신각: 서울시 종로구 종로 54

운영시간
연중무휴

입장료
무료

1392년, 고려를 멸망시킨 조선은 통치 이념을 유교로 정했다. 그리고 새로운 나라가 건국되었음을 선포했다. 조선을 건국하는 데에 주도적인 역할을 했던 정도전은 수도 한양의 궁궐과 사대문을 짓는 것에 심혈을 기울였다. 그는 유교적 가르침에 따라 새로운 나라의 수도에 사람으로서 마땅히 지켜야 할 5가지 덕목 '인의예지신'을 충실히 반영하고자 했다.

유교는 기원전 5세기경 중국에서 생겨난 제자백가 사상의 한 분파였다. 공자는 이 시대의 문화와 사상을 정리해 새로운 학문으로 발전시켰다. 깨달음을 얻은 후대의 사상가들이 스스로를 공자학파라 주장하며 이를 계승했고, 유교는 시대를 거듭할수록 더욱 구체적이고 체계적으로 바뀌었다. 이후 혼란스러웠던 중국은 전국시대 7웅 중 하나였던 진나라에 의해 통일됐다. 진나라 황제가 된 시황제는 강력한 법치주의를 통해 나라를 다스리기 시작했다. 하지만 영웅으로 칭송받던 시황제가 최악의 폭군으로 비난받게 되는 결정적인 사건이 일어나게 된다.

시황제가 주관한 연회에서 벌어진 일이었다. 진나라 건국에 큰 공을 세웠던 주청신이 황제의 공덕과 군현제의 실행을 찬양하기 시작하자 곁에 있던 이사도 주청신을 거들며 옛 사상과 제도를 버려야만 부국강병을 이룰

수 있음을 역설하였다. 두 신하의 의견을 받아들인 시황
제는 결국 분서, 즉 모든 책을 불살라 버렸다.

그로부터 1년 뒤 시황제가 영생을 위해 불로초를 찾
는다는 소식이 전국으로 퍼졌다. 하지만 유학자들은 불로
초의 존재를 부정했다. 시황제가 책을 불태워 공부를 못
했으니 불로초 같은 미신 따위에 현혹되는 거라며 조롱
을 일삼았다. 이 소식을 전해 들은 시황제는 자신의 위엄
에 흠집이 난 것에 대해 분노를 금치 못했다. 그래서 관련
된 유학자들을 모두 붙잡아 생매장하였는데, 이것이 바로
갱유였다. 이 두 사건을 두고 책을 태웠다는 분서(焚書)와
유학자를 처형했다는 갱유(坑儒)를 합쳐 분서갱유(焚書坑
儒)라 불렀다. 다만 갱유에 대해서는 정확한 기록이 없어
사실로 판단하기 어렵다고 한다. 역사학자들은 유학을 탄
압한 시황제를 깎아내리기 위해 후대의 유학자가 꾸며낸
일로 추측하고 있다.

기원전 210년, 불로초를 구하지 못한 시황제가 사망
하자 대륙은 또다시 여러 나라로 쪼개졌다. 각기 권력을
잡은 제후들은 권력을 위해 다투기 시작했다. 갈라진 대
륙은 평민 출신 유방에 의해 다시금 통일되었다. 한나라
를 건국하고 황제의 자리에 올라선 유방은 공자의 유교
사상을 한나라의 지배 이념으로 삼았다.

유교가 자리 잡기 시작하자 시황제 때문에 파괴된 유교 경전을 복원하고자 하는 움직임들이 생겨났다. 구전으로 전파된 것과 복사본으로 가지고 있던 것을 모아 새롭게 해석하니 사람들은 이를 두고 훈고 경전이라고 불렀다. 훈고학의 시작이다. 훈고학은 성리학과 양명학의 근본이 되는 학문이다. 인·의를 바탕에 둔 유교가 정비되면서 7대 황제 무제 시기에 이르러 완전히 자리 잡았다. 이후 당나라 시대까지 훈고학은 약 천 년 동안 유교의 주류였다. 그러나 시대를 거듭할수록 여러 학자에 의해 획일화되었고, 5대 10국 시대에 이르자 훈고학은 사람들의 뇌리에서 지워졌다.

이때부터 불교와 도교가 더욱 주목을 받으며 발전했으나 불교와 도교에서 나타나는 폐단과 문제점들도 만만치 않았다. 그래서 유학자들은 유교 부흥을 위해 이를 재해석하여 불교와 도교로부터 우위에 있고자 했다. 그 결과 송나라 시대에 이르러 당대의 유학자였던 주희가 유교를 집대성하니 바로 성리학의 탄생이었다. 고려를 부정했던 조선 또한 불교를 부정했던 성리학을 이념으로 받아들이면서 역사가 시작됐다.

조선은 유교적 가르침에 따라 궁궐을 방어하는 사대문을 '인·의·예·지'라 하고 가운데에 '신'을 뜻하는 보신각

을 세웠다. 그래서 동쪽은 흥인지문, 서쪽은 돈의문, 남쪽
은 숭례문이라고 이름을 지었다. 하지만 문제는 북쪽이었
다. 깨달음을 뜻하는 '지'를 이름에 넣었을 경우 백성들이
똑똑해져 문제가 생길 수 있다고 생각했다. 백성이 똑똑
해지면 분란을 일으킬 거라 판단한 것이다. 그래서 북문
이름에 '지'를 빼고 숙정문이라 지었다는 이야기도 있다.

　더불어 북쪽에 있는 숙정문은 음의 기운을 상징한다
고 여겼다. 음양오행과 풍수지리를 믿어왔던 조선은 사대
문 이름 또한 매우 중요한 문제였기 때문에 그냥 지나칠
수 없었다. 다른 문보다 크기는 줄였고 나무를 심어 통행
을 가로막았다. 대문의 형식만 유지한 채 수백 년의 세월
동안 통행이 금지되었다가 2006년이 되어서야 일반인에
게 공개되었다.

　사대문은 긴 세월 동안 많은 우여곡절을 겪었다. 일
제강점기에는 도심 교통 개선 방안으로 사대문을 철거했
는데, 동대문과 남대문은 임진왜란 당시 고니시 유키나가
와 가토 기요마사가 한양을 점령할 때 지나던 길이라며
그대로 남겨 두었다. 이는 자신들이 조선을 침략한 것에
정당성을 부여하고 일종의 선전 효과를 누리고자 벌인
일이었다.

일제에 의해 서대문은 파괴되었고, 동대문과 남대문
은 살아남았다. 하지만 이후 6·25 전쟁이 일어나며 서울
에 폭격이 떨어졌고, 보신각마저 파괴됐다. 전쟁이 얼마
나 치열하고 참혹했는지 지금도 동대문 측면부를 보면
선명하게 총탄 자국이 남아 있는 것을 확인할 수 있다.

2008년에는 한 노인의 방화로 남대문마저 불타 버
렸다. 물론 다시 심혈을 기울여 복원했으나 처음 지어진
그대로 남아 있는 대문은 동대문이 유일하다. 문화재를
관리해 후손들에게 남겨 주는 것은 현재를 살아가는 우
리에게 숙명과도 같은 일이다. 조금 더 보살피고 아끼는
마음을 가져야 하지 않을까 한다.

전하, 종묘사직을 지키시옵소서
'종묘'

위치
서울시 종로구 종로 157

운영시간
자유 관람: 토요일 09:00~17:30(11월~1월)
자유 관람: 토요일 09:00~18:00(2월~5월, 9월~10월)
자유 관람: 토요일 09:00~18:30(6월~8월)
매주 화요일 휴무/ 휴무일이 공휴일과 겹칠 경우 다음날 휴무
시간제 관람일 경우 해설자와 함께 동행: 월·수·목·금(이용가능 시간
별도문의)

입장료
대인 1,000원, 외국인 1,000원, 그 외 무료

조선을 건국한 사람은 고려 장군 이성계였다. 고려의 마지막 왕인 공양왕에게 왕위를 물려받았다는 명분을 내세웠으나 사실상 찬탈에 가까웠다. 이성계가 1388년 위화도회군을 통해 권력을 장악한 뒤로 그를 반대할 수 있는 사람은 아무도 없었다. 정몽주를 비롯해 고려를 개혁하고자 했던 온건파 진영들은 조선 건국에 회의적이었으나 이는 곧 대대적인 숙청으로 이어졌다.

그래서 이성계는 자신의 정통성을 강화하기 위해 애를 썼다. 아버지와 할아버지, 증조부와 고조부까지 모두 왕으로 추존하였음은 물론 어머니와 할머니, 증조모와 고조모까지 왕비로 추존했다. 이들을 기리는 위패를 만들어 사당에 모셨으니 그게 바로 종묘였다.

당시 조선에는 왕실을 대표할 궁궐이 없었다. 그래서 고려 국왕이 쓰고 있었던 개성 수창궁을 정궁으로 썼다. 하지만 조선이라는 새로운 시대가 열렸음에도 고려 궁궐을 사용하는 건 용납할 수 없는 일이었다. 이에 태조는 한양으로 천도할 의사를 밝혔으나 민심이 혼란스러워질 것을 우려한 신하들이 이를 반대했다.

1394년 마침내 태조는 많은 신하의 반대를 무릅쓰고 천도를 단행했다. 천도와 동시에 조선의 국왕이 사용할 궁궐과 신주를 모시기 위한 종묘를 건설했다. 유교의 가르침에 따라 검소하되 누추하지 않고, 화려하되 사치스럽지 않은 궁궐을 짓고자 했다. 그리고 왕이 앉아있는 위치를 기준으로 좌묘우사, 즉 좌측에는 종묘, 우측에는 사직이 세워졌다.

종묘가 처음 완성됐을 때는 5칸 정도의 매우 작은 규모였다. 3대 태종이 등극한 이후 정전을 증축해 지금의 'ㄷ자' 모양의 종묘를 완성했다. 문제는 4대 세종이 등극한 이후 벌어졌다. 1418년 세종이 등극하고 이듬해 1419년 2대 정종이 승하했으나 정종의 신주를 모실 수 있는 자리가 없었던 것이다.

당시 조선의 예법은 명나라식 예법을 따르고 있었다. 그래서 '천자는 7묘·제후는 5묘'라는 기준에 맞추어 신주를 모셔야만 했는데, 정전이 5칸이었기 때문에 증축도 불가능했다. 결국 1421년 이 문제에 대해 많은 논의를 거듭한 끝에 송나라 예법에 맞추어 정전 서쪽에 영녕전을 세우고 태조가 추존한 왕의 신주들을 그곳에 모셨다. 그 후 13대 명종이 등극하며 11칸으로 증축되었고 왕이 늘어날수록 정전의 규모도 늘어만 갔다.

1592년 임진왜란이 발발하자 14대 선조는 종묘의 모든 신주를 챙겨 몽진했다. 선조가 도망친 줄도 모르고 북상하던 왜군은 한양으로 집결하고 있었다. 그중 오카야마 성의 성주였던 우키타 히데이에도 종묘 근방에 주둔했다. 그러던 어느 날, 날이 어두워지면 정체를 알 수 없는 곡소리와 함께 병사들이 하나둘씩 죽기 시작했다. 사태를 파악하고자 했던 우키타 히데이에가 근처 백성들에게 연유를 물으니, 종묘를 지키는 귀신이 있다고 하는 것이 아닌가. 그 말에 놀란 우키타 히데이에는 종묘를 모두 불태웠다. 이렇게 종묘는 임진왜란 도중 전소되어 사라졌다.

선조는 전쟁이 끝나자 곧바로 종묘를 복원하는 일부터 착수했다. 계속 진행되던 복원사업은 아들 광해군이 즉위한 뒤에 끝이 났다. 이후의 종묘는 조선 왕실이 수백 년 동안 유지되며 선대왕의 숫자가 늘어날 때마다 증축되었다.

일제강점기에 접어들자 일제는 도심 교통 개선 방안을 목적으로 창경궁과 종묘를 가로지르는 도로를 세우고자 했다. 하지만 대한제국 황제였던 순종이 이를 반대하면서 무산되는 듯했다. 그러나 순종이 사망하자 곧바로 도로가 설치됐다. 이때부터 창경궁과 종묘를 가로지르는 도로가 생겼으니 그게 바로 오늘날의 율곡로다.

종묘를 방문하면 조선이 아닌 고려 국왕의 사당도 볼 수 있다. 바로 고려 31대 공민왕의 사당이다. 태조의 명으로 공민왕의 사당이 같이 지어졌다고 하는데, 어떻게 종묘에 고려 국왕의 사당이 들어설 수 있었을까?

무너져 가는 고려 왕실은 원나라가 쇠퇴함에 따라 새로운 국면으로 접어들었다. 공민왕은 10살이 되던 해에 원나라 볼모로 끌려갔고, 20살에 원나라 황족인 노국대장공주와 혼인했다. 공민왕은 약 10년간 원나라에서 생활하며 많은 걸 보고 느낄 수 있었고, 원나라가 쇠퇴하고 있음을 직감했다. 그는 고려로 돌아와 왕위에 등극함과 동시에 무신들의 권력기관인 정방을 혁파하고, 원나라와 가깝게 지내던 친원파 세력들, 이른바 권문세족을 대대적으로 숙청하기 시작했다.

또한 당대 권력을 손에 쥐고 있던 기황후와 그녀의 일가를 몰아내었을 뿐만 아니라 전민변정도감을 설치해 그들이 수탈했던 토지를 모두 되찾았다. 그리고 신진사대부를 적극적으로 기용하기 시작했는데, 이때 발탁된 신진사대부 중 가장 두각을 나타내던 인물이 바로 이색·정몽주·정도전 등이었다.

공민왕은 대외적으로도 많은 업적을 세웠다. 원나라가 통치하던 쌍성총관부 일대도 무력으로 탈환했는데, 이때 고려에 투항하여 큰 도움을 준 사람이 이성계와 그의 아버지 이자춘이었다. 쌍성총관부를 수복한 공로로 이자

춘은 쌍성총관부가 있던 동북면으로 돌아가 그곳을 지키게 되었고 이성계는 그대로 개경에 남아 공민왕과 친분을 쌓게 되었다.

이자춘 사후 그의 품계는 고스란히 이성계가 물려받았으며 공민왕이 가장 신임하는 장군이 된다. 이성계는 공민왕의 믿음에 보답하듯 제1차 요동 정벌을 비롯해 홍건적·여진족 등, 외세의 침입을 막는 데에 큰 공을 세웠다. 당시의 젊은 고려 장군 이성계는 신궁이라 불릴 정도로 최강의 활 솜씨를 뽐내며 북방의 이민족들을 두려움에 떨게 했다고 한다.

공민왕과의 신뢰 관계 덕분에 이성계는 승진을 거듭할 수 있었다. 공민왕이 개혁정책을 추진하지 않았다면 이성계가 중용될 수 있었을까? 이유야 어찌 되었든 이성계는 공민왕 덕분에 정계에 진출할 수 있게 되었고, 고려에서 절대적인 권력을 손에 넣을 수 있었으며, 훗날 조선을 건국하는 기반을 닦을 수 있었다. 여러 가지의 복합적인 요인들로 인해 이성계는 공민왕을 특별하게 생각했을 것이다. 그래서 조선에서 가장 신성한 곳에 공민왕의 사당이 지어진 것이 아닐까 추측해 볼 수 있다.

가장 아름다운 궁궐,
유네스코 세계문화유산 '창덕궁'

위치
서울시 종로구 율곡로 99

운영시간
매일 09:00~17:30(11월~1월)/ 16:30 입장 마감
매일 09:00~18:00(2월~5월, 9월~10월)/ 17:00 입장 마감
매일 09:00~18:30(6월~8월)/ 17:30 입장 마감
매주 월요일 휴무/ 휴무일이 공휴일과 겹칠 경우 다음날 휴무

입장료
대인 3,000원, 외국인 3,000원, 그 외 무료

　서울에는 조선 시대에 지어졌던 궁궐이 여럿 있다. 가장 대표적인 궁궐은 경복궁으로, 지금도 수많은 관광객이 방문한다. 하지만 조선의 역대 왕들은 경복궁을 사용하지 않았는데, 조선을 상징하는 일종의 성역 같은 궁궐이었고, 규모가 너무 컸던 것이 문제였다. 그래서 효율적으로 정사를 보기 위해 그에 알맞은 궁궐을 건설했다. 그게 바로 창덕궁이다.

　조선을 건국한 태조 이성계가 한양으로 천도할 계획을 세우자 그에 맞는 궁궐의 필요성이 대두되었다. 1394년 경복궁 공사가 착수되었고, 이듬해 1395년 1차 완공되었다. 완공된 경복궁의 처음 모습은 굉장히 아담했고 소박했다. 궁궐 주변을 감싸는 담장조차 없었다.

　1398년 새로 지어진 경복궁에서 씻을 수 없는 비극이 일어났다. 바로 5남 이방원이 일으킨 제1차 왕자의 난이었다. 이방원은 태조가 총애하던 세자 이방석을 살해하고, 자신의 형 이방과를 세자에 책봉했다. 태조는 자식들끼리 권력을 위해 벌인 골육상쟁의 비극을 곁에서 지켜봐야만 했다. 왕자의 난으로 큰 충격을 받은 태조는 차남 이방과에게 선위하며 왕위에서 물러났다.

　당시 모든 실권은 이방원에게 있었다. 왕위를 물려

받은 정종은 정사에 관여조차 하지 않았다. 피바람이 불던 경복궁을 매우 싫어했고, 주로 성 밖으로 나가 격구를 하며 사냥을 즐겼다. 정종은 까마귀가 수시로 날아와 경복궁에서 울어대자 불길하다 여겨 개경으로 천도했다. 하지만 그곳에서도 피바람은 멈추지 않았다. 바로 이방원이 일으킨 제2차 왕자의 난 때문이다. 동생의 야심을 눈여겨본 정종은 결국 1400년 11월, 이방원에게 선위했다.

마침내 왕위에 올라선 3대 태종 이방원은 개경에서 한양으로 다시 천도했다. 다만 형제들을 밀어낸 것에 대해 미안함이 있었는지 경복궁으로 돌아가지 않았다. 오히려 새롭게 궁궐을 지으라 명하였으니 그게 바로 창덕궁이다. 이후 창덕궁은 국왕들의 정궁이 되었고, 국가적인 행사가 있을 때만 경복궁 근정전이나 경회루에서 잔치를 열었다.

창덕궁은 경복궁처럼 중앙을 정확하게 나누어 똑바로 짓지 않았고, 건물 배치에 대한 기준조차 잡지 않았다. 주거 및 편전으로 사용하기 위해 매우 실용적인 건물만 배치했다. 궁궐 출입문인 진선문과 인정문 사이 앞마당은 주변 풍경과의 조화를 우선시했다. 그래서 위에서 내려다보면 기존의 직사각형 방식이 아닌 사다리꼴 모양을 하고 있다.

　원래 이곳은 경복궁처럼 직사각형 모양으로 공사가 될 예정이었다. 태종은 공사 책임자였던 박자청에게 직사각형 방식으로 건설하라 명했다. 하지만 박자청은 사다리꼴 모양을 해야만 고유의 멋을 낼 수 있다며 태종의 명을 듣지 않았다. 당연히 태종은 자신의 말을 무시한 박자청을 하옥했으나 곧 풀려났고, 박자청의 뜻대로 지금과 같은 모습을 하게 되었다.

　창덕궁은 4대 세종이 등극하면서 증축되었고 규모가 점점 커졌다. 그리고 경복궁을 더 선호했던 세종은 아버지 태종이 승하하자 곧바로 경복궁마저 증축한다. 여기에 7대 세조는 창덕궁 뒤편의 민가 73채를 헐어 후원을 조성하면서 규모를 더 키웠다.

　1592년 임진왜란이 발발하고 14대 선조가 피신을 떠나자 원인 모를 방화로 인해 경복궁·창덕궁·창경궁이 모두 전소됐다. 왜군이 벌인 일이라는 이야기와 성난 백성이 불을 질렀다는 이야기가 있으나 정확한 기록은 전해지지 않는다. 선조는 전쟁이 끝나자 한양으로 돌아왔다. 그러나 궁궐이 불타 없어졌으니 다시 중건해야만 했다.

　경복궁을 중건하자는 논의가 오갔으나 비용이 많이

들 것으로 보여 무산되었다. 대신 창덕궁 중건이 결정됐다. 창덕궁 중건 공사는 1605년에 시작해 1609년에 완성됐다. 광해군은 이듬해 1610년 보수공사까지 마무리된 이후에야 창덕궁을 정궁으로 선포하고 거처로 이용했다.

당시 폐허였던 궁궐과 후원은 표범과 호랑이가 마치 자신들이 주인인 양, 자리를 잡고 있었다. 과거 한반도에는 '범'이 많이 살았다는 이야기가 있다. 조선 사람들은 호랑이와 표범을 합쳐 범이라고 불렀다. 호랑이는 홀로 지내는 것을 좋아해 서식지를 벗어나는 일이 적었다. 하지만 서식지 반경이 너무 넓어 민가와 겹치는 경우가 많았고, 당시 사람들에게는 호랑이를 사냥할 정도의 무기가 없었다. 그래서 사람들은 호랑이를 매우 두려워했고 산군·산신령이라 부르며 신으로 숭배했다.

조선은 호랑이와 표범 때문에 피해가 발생하는 일이 잦아지자 군대를 양성했는데, 이 착호갑사가 기록에 처음 등장하는 것은 1461년 태종 16년의 일이었다. 넷플릭스 영화 〈킹덤〉에도 나오는 착호갑사는 국왕 호위를 담당하는 부대로서 평시에는 호랑이와 표범을 사냥했다. 이 정책은 훗날 지방 군현에도 보급돼 '착호인'이라 불리는 사냥꾼 부대가 별도로 양성됐다. 여담으로 당시에는 호랑이를 잡는 것을 직업으로 인식할 정도였으니 수많은 영화 작품들에서 호랑이 사냥이 등장하게 된 것이 아닐까.

임진왜란 이후 조총이 민간으로 보급되면서 호랑이 사냥이 수월해졌고, 19세기 말, 개항을 통해 조총의 화력이 더해지면서 호랑이는 점점 자취를 감췄다. 일제강점기에 일본인들은 호랑이 사냥을 일종의 스포츠로써 즐겼으며, '해수구제사업'의 일환으로 호랑이 사냥을 권장하기도 했다. 식민지 조선에서 원활하게 식량 생산을 못 하게 될까 우려해 호랑이를 사냥한 것이다.

반면에 표범은 정해둔 서식지 없이 돌아다니는 것을 좋아했다. 그래서 민가에 내려와 농민들이 키우는 가축들을 사냥했다. 한반도에 서식했던 표범은 일제강점기와 6·25전쟁을 거치고도 한반도에서 살아남았다. 1962년 살아있는 표범이 경남 합천 근방에서 포획됐다. 그리고 창경원에 있는 동물원에 전시되었는데 '한표'라는 이름으로 널리 사랑받았다. 한표가 발견된 이후 표범 역시 자취를 감췄다. 만약 이 시기에 호랑이와 표범이 포획되지 않았다면 지금쯤 고개를 넘을 때마다 떡 하나를 항상 준비하고 다녀야 했을 것이다.

이후 창덕궁은 23대 순조가 재위하던 시절 화재로

전소되어 창덕궁을 대표하던 '청기와'의 모습은 선정전을 제외하고 전부 사라졌다. 다행히 창덕궁의 백미라고 할 수 있는 후원은 원래의 모습으로 전해지고 있는데, 단풍이 짙게 물든 10월~11월에 많은 사람이 찾는다. 후원은 철저하게 관리되고 있기에 창덕궁 홈페이지에서 후원 관람 예약 후 관람이 가능하다. 일일 방문객도 해설자를 동원한 약 100명 안팎이 전부다.

이처럼 많은 에피소드를 담고 있는 창덕궁은 조선 시대에 지어진 궁궐 중에서 유일하게 유네스코 세계문화유산으로 지정되었으며, 현재 남아 있는 조선 시대의 5개 궁궐 중 원형의 모습을 가장 잘 유지하고 있다.

일제강점기 가슴 아픈
우리들의 역사 '서대문형무소'

위치
서울 서대문구 통일로 251 서대문형무소역사관

운영시간
매일 09:30~18:00(3월~10월) / 17:30 입장 마감(매주 월요일 정기휴무)
매일 09:30~17:00(11월~2월)/ 16:30 입장 마감

입장료
대인 3,000원, 청소년·군인 1,500원, 어린이 1,000원

서대문형무소 옆에는 커다란 문이 하나 있다. 바로 독립문이다. 서대문형무소 옆에 있고 이름도 독립문이다 보니 사람들이 잘 모르고 있는 사실이 있다. 독립문은 일제가 아닌 청나라 사대주의에서 벗어나 조선이 자주 국가임을 선포하기 위해 세워졌다는 사실이다.

한반도 대부분 국가는 중국과 조공·책봉 관계를 맺으며 정통성을 찾았다. 광활한 중원에 비해 열세였던 한반도는 인적 · 물적 자원이 매우 부족했다. 대부분 대륙으로부터 문물을 수입했고, 화친을 맺어 국가를 발전시키고자 했다. 강성했던 고구려조차 수·당나라와의 싸움은 최대한 피하고 싶어 했고, 이는 후대에 들어선 발해와 고려도 마찬가지였다. 무차별적인 침략 앞에는 당당히 맞서 싸웠으나 기본적인 외교 방침은 화친이었다. 하지만 어느 순간부터 그 기조가 바뀌기 시작했는데, 그 시기가 바로 조선 때부터였다.

당시 동북아시아 일대는 명나라와의 사대관계가 매우 돈독했다. 그래서 명나라 중심의 외교관계가 주를 이루었다. 정통성이 부족했던 이성계는 명나라에게 몸을 굽혀 조선이 건국되었음을 알렸고, 그렇게 조선왕조 500년의 역사가 이어져 왔다.

1407년 3대 태종은 사대의 예를 좇아 왕보다 높은 천자의 사신을 맞이한다며 영은문을 세웠다. 명나라 사신이 황제의 조칙을 가지고 오면 직접 맞이하러 나갔다. 그리고 영은문 옆 모화관에서 사신을 영접하는 것을 예법으로 삼았는데, 이 제도는 대한제국이 세워질 때까지 계속 유지되었다. 그러나 1894년 청일전쟁의 발발이 전혀 다른 결과를 가지고 왔다.

19세기에 접어들며 청나라는 서구 열강과 자주 부딪혔다. 열강들은 개항을 요구했으나 청나라는 이를 거부했다. 그 결과 청나라는 아편전쟁을 기점으로 수많은 열강과의 전투에서 패배하며 체면을 구겼다. 내부에서도 양무운동을 통해 근대화와 개혁을 추진하려는 움직임이 일어났으나 청나라 황실과 기득권의 부정부패가 심해 성공하지 못했다.

반면 일본은 메이지 유신을 통해 근대화에 성공했다. 국력이 강성해진 일본은 자신들의 힘을 시험하고 싶어 했는데, 막강한 경제력과 군사력을 바탕으로 다른 국가를 무력으로 제압하고자 했다. 일본 제국주의의 시작이었다. 급변하는 세계정세를 제대로 읽어 내지 못했던 당시의 조선은 어땠을까? 세도정치를 일삼고, 국제정세에 대해 별로 관심이 없었을 뿐만 아니라 열강들을 오랑캐라며 무시했다.

조선의 대외정책은 중화사상에서 시작된다. 명나라가 멸망한 후에는 우월한 중화문명의 계승 국가가 조선이라고 인식했다. 자연스럽게 노론이던 송시열에 의해 '소중화론'이 대두되었고, 조선 지배층에서는 정치·경제·사회·문화 모든 분야에 걸쳐 중화의 문물이 최고의 선진 문물이라 여겨졌다. 그래서 명나라가 멸망하고 청나라가 건국됐을 때도 그들을 오랑캐라며 무시했는데, 이러한 조선의 태도가 못마땅했던 청나라가 정묘호란·병자호란을 일으켜 무력으로 조선을 굴복시키는 일도 있었다.

1894년 청일전쟁이 일어났고 예상외로 청나라가 대패했다. 세계의 중심이라 인식됐던 동북아시아 지배질서가 허무하게 무너진 대사건이었다. 이후 청나라와 일본은 시모노세키 조약을 맺었다. 일본은 조선이 자주 국가임을 인정한다고 조약에 명시하게 했는데, 조선 침략을 간접적으로나마 드러내는 결과였다. 이 소식이 조선에도 전해지자 청나라에 대한 인식이 점점 달라지기 시작했다.

1896년 1월 서재필은 독립문 건립을 추진했다. 그해 4월 독립문 건립에 쓸 자금 마련을 위해 독립신문을 창간했다. 그리고 독립협회의 전신인 독립문 건립 추진위원회를 만들어 청나라 간섭으로부터 조선이 벗어났음을 기념하고자 했다. 그리고 사대주의의 그림자였던 영은문을 헐고 그 자리에 독립문을 지었다.

고종은 독립문 건립 시기에 맞추어 1897년 대한제국이 건국되었음을 선포하고, 근대화를 추진하기 위해 광무개혁을 실시했으나 너무 뒤처진 선택이었다. 일본은 러일전쟁마저 승리하면서 한반도에서의 주도권을 완전히 장악했음은 물론 자신들을 견제할 세력이 사라지자 본격적으로 대한제국을 강제 병합하려 했다. 1910년 대한제국과 일본은 한일병합조약을 맺었고, 대한제국은 그렇게 역사의 뒤안길로 사라졌다. 그래서 사람들은 경술년에 겪은 치욕, 경술국치라 불렀다. 이때부터 대한제국의 모든 주권은 일본에게 넘어갔으며 한반도는 식민지가 됐다.

한일병합은 1910년 이뤄졌으나 이미 수년 전부터 모든 주권을 일본에게 뺏긴 상태였다. 1905년 을사조약에 따라 일본은 대한제국을 보호국으로 삼고, 한성에 통감부를 세워 초대 통감에 이토 히로부미를 임명했다. 1907년 헤이그 특사를 빌미로 고종이 강제퇴위 되었으며 대한제국의 군대도 강제해산됐다.

전국 각지에서 일본에게 저항하기 위해 의병들이 궐기하자 일본은 의병들과 독립운동가들을 잡아들이기 시작했다. 붙잡은 의병들을 투옥하기 위해 1908년 감옥을 건축하였는데 이게 바로 경성 감옥이다. 그리고 수많은 독립운동가가 투옥되면서 수용할 공간이 부족해졌고 1912년 마포 근방에 새로운 감옥을 지었다.

일본은 마포에 건설된 감옥을 경성 감옥이라 불렀다. 대신 기존 경성 감옥은 서대문 감옥이라고 개칭했는데, 이곳은 형무관을 양성하는 기능이 더해져 서대문형무소가 됐다. 1919년 고종이 승하하자 전국 각지에서는 3·1운동이 일어났고, 일본은 관련자 약 3천여 명의 독립운동가들을 붙잡아 서대문형무소에 수용했다.

서대문형무소는 독립운동가들이 형장의 이슬로 사라져 간 살아 있는 현장이다. 예매 후 정문으로 들어가면 마주 보는 전시관 지하에 고문실이 있다. 고문을 받는 독립운동가들의 모습이 그대로 재현되어 매우 현실적인 모습을 담아내고 있다.

전시관 뒤편에는 옥사가 있는데 대부분 3~5평 정도의 크기로 조성된 곳이다. 일제는 우리 선열들을 이런 좁은 방에 수십 명씩 가두어 놓았는데, 앉지도 눕지도 못하는 공간에서 독립운동가들은 서서 밤을 지새웠다고 한다. 그밖에 운동을 위한 격벽장과 한센병에 걸린 환자를 별도 분리하는 한센병사도 있다. 구석에는 사형장 시설이

있고 그 옆에 동굴이 하나 있다. 그곳은 시구문이라 해서
시체를 운반하는 통로다.

1996년부터 입장료가 생겼으나 부담스럽지 않은 금
액이다. 삼일절·광복절·순국선열의 날에는 무료니 그날
맞춰 가는 것도 좋겠다. 따뜻한 봄날이 되면 넓은 야외 공
원에서 산책하기 좋으니 이번 기회에 광복을 외쳤던 우
리 선조들의 모습을 가슴에 담아 보자.

지친 우리의 일상을 시원하게
'청계천'

위치
서울 중구 태평로1가 1, 청계광장

운영시간
연중무휴(악천후 시 폐쇄)

입장료
무료

 대한민국의 수도, 서울에는 한강이 흐른다. 1960년 대부터 급속도로 발전한 경제 성장 덕분에 한강의 기적이라는 말도 생겨났다. 한강이라는 명칭은 우리말 '한가람'에서 비롯됐는데 광개토대왕릉비에는 '아리수'라 기록되어 있다. 서울에 흐르는 하천은 한강으로 들어가기 전 모두 한곳에 모이게 되니 그게 바로 청계천이다. 청계천은 동쪽으로 흘러가며 왕십리 근처 중랑천과 만난다. 총 길이는 약 10.92km, 유역 면적은 약 50.96km²로 서울을 상징하는 하천으로 알려져 있다.

 청계천의 발원지가 어디인지에 관한 의견은 각양각색 다르지만 대부분 백운동천을 꼽는다. 백운동천은 창의문 기슭에 있는데 이 백운동천의 물이 흘러 서울 중심부까지 내려왔다. 창의문은 수도 한양을 지키는 서북쪽 관문으로 사대문보다 작아 사소문이라 부른다. 사대문의 역할이 출입문이라면 사소문은 관문으로서 일종의 검문소역할을 한다. 그밖에 동북의 흥화문, 남서의 소덕문, 동남의 광희문이 있다.

 원래 개천이었던 청계천은 3대 태종이 한양으로 천도한 이후부터 대대적인 보수작업이 진행되었다. 장마철이 되면 물이 범람해 수시로 홍수가 났고 근방에 사는 민가들이 피해를 받았다. 그리고 생활폐수까지 이곳으로 흘러들어 위생적으로도 매우 좋지 못했다. 태종은 건축가 박자청에게 청계천을 보수하도록 지시했으며 세월이 흘러도 보수작업은 지속되었다. 21대 영조도 보수공사에 자원한 사람들에게 품삯을 주고, 개천을 중심으로 양쪽에 돌을 쌓아 계단을 만들었는데, 이때부터 지금의 청계천처럼 직선으로 뻗은 청계천이 됐다.

청계천은 주기적인 관리가 필요했기 때문에 공사는 일제강점기 시절까지 이어졌다. 특히 1920년대는 청계천의 위생 및 교통 문제가 대두되어 가장 큰 국가적 사업으로 주목받았다. 일제는 1930년대에 접어들자 경성시가지 계획에 따라 청계천 일부는 콘크리트로 덮고 그 위로 도로를 설치했다. 하지만 중일전쟁을 비롯해 1941년 태평양전쟁까지 발발하자 이를 매듭짓기에도 벅찼던 일제의 계획은 흐지부지되어 서울의 대표적인 우범지역이 됐다.

본격적으로 청계천이 정비되기 시작했던 때는 1958년부터였다. 순차적으로 복개작업이 진행되었고, 1976년 '청계천 고가도로'가 완공되면서 모든 공사가 끝났다. 고가도로가 완성되고 상업지구로 개발되자 많은 사람이 이곳에 모여 물건을 팔기 시작했다. 무엇보다 쉽게 구할 수 없는 신기한 물건들도 많았는데, 1970년대 청계천 주위 상가를 한 바퀴 돌면 탱크도 만들 수 있다고 할 정도였다. 그리고 그 중심에는 '세운상가'가 있었다.

세운상가는 국내 최초의 주상복합 아파트이자 상가 단지로서 사람들의 많은 관심을 받았다. 당시 세운상가가 있던 자리는 6·25전쟁 이후 피난민들과 월남한 사람들이 모여 판자촌을 이루고 있었다. 그래서 1970년대 세운상가 일대를 정비하면서 판자촌을 밀어냈고 충무로역부터 종묘 앞까지 약 1km 거리에 상가 8동을 세웠다.

1980년대는 본격적으로 도심이 정비되고 강남이 개발되던 시기였다. 그리고 1987년 용산 전자상가가 들어서자 세운상가는 기억에서 잊혀만 갔다. 이후 제대로 관리가 안 되어 방치되다시피 한 세운상가를 철거하고 공원을 조성하자는 여론이 떠올랐다. 1995년에 실제로 사업은 추진됐으나 1997년 IMF 등, 여러 위기를 맞으며 공원 조성계획도 무산됐다. 2000년대 들어와 다시금 청계천 복원사업이 추진되면서 주변 상가들이 정비됨에 따라 세운상가도 일부 철거되어 공원으로 조성되기 시작했다.

청계천 역시 30년이 넘은 다리 상태와 교통혼잡 문제로 철거 논의가 계속 진행됐다. 다만 복개작업 당시 그냥 덮어 버린 지역도 더러 있었는데, 그로 인해 오염물질이 하천을 가득 채웠고 메탄가스로 내부가 터질 위험에 처했다. 그리하여 서울시는 청계천 고가도로를 허물고 인근 일대를 재정비하기 시작했다. 그렇게 오랜 시간에 걸쳐 정비된 청계천 일대는 시민들에게 휴식 공간을 제공하고 새로운 관광명소로 탈바꿈하게 된다.

청계천에는 교통의 편의성을 위해 22개의 다리를 설치했다. 일부는 다리를 세우면서 붙인 이름도 있으나 오래전부터 전해져온 다리 이름도 있다. 22개의 다리마다 각기 다른 사연이 전해지고 있는데, 그중에서도 영도교는 가장 가슴 아픈 사연을 담고 있다.

수양대군은 어린 조카였던 6대 단종을 몰아내고 스스로 왕위에 올랐다. 그러나 단종을 복위시키려는 움직임이 생기자, 그를 강원도 영월 청령포에 유배를 보내는 것으로 사건을 마무리 지으려 했다. 유배길에 오른 단종이 청계천 인근에 다다를 무렵, 단종을 배웅하기 위해 길을 따라나선 정순왕후와도 헤어져야 할 시간이 다가왔다. 두 사람이 부부라고 할지라도 단종은 이미 죄인의 몸이었기에 함께 할 수 없었다. 그저 청계천 다리 위에서 부둥켜안고, 하염없이 흐르는 눈물을 조용히 훔칠 뿐이었다. 이내 헤어진 두 사람은 두 번 다시 만나지 못했는데, 이 소식을 들은 사람들은 모두 가슴 아파했다. 훗날 이 다리는 '영영 건너간 다리'라 하여 영도교라 불렸다.

　간혹 비가 많이 오는 장마철이 되면 미처 우산을 준비하지 못한 시민들이 다리 밑으로 피하는 경우를 볼 수 있다. 그러나 청계천은 물이 범람해 홍수가 나는 것을 막는 역할도 한다. 그래서 안내방송을 통해 사람들의 진입을 막은 후, 각 다리 밑에 있는 수문을 열어 물을 쏟아낸다. 가끔 이런 이야기를 듣지 못한 시민들이 다리 밑으로 피했다가 구조되는 위험한 상황이 종종 발생한다.

　서울 성동구에 있는 청계천박물관은 이러한 청계천의 역사를 주제별로 전시하였다. 상설전시실에는 복원되기 이전의 청계천의 모습부터 2003년 7월~2005년 9월에 걸쳐 진행되었던 복원 공사, 청계천 복원 이후의 도시 변화의 모습을 전시하고 있다. 그리고 박물관 앞에는 옛 청계천 도심의 모습을 형상화한 목조 건물들이 자리하고 있다.

　청계천이 복원되기까지 말도 많고, 탈도 많았으나 지금은 하루 평균 관광객 약 10만 명, 누적 방문객 수가 약 2억 명에 달할 만큼 많은 사람이 찾고 있다. 무더운 여름에는 사랑하는 연인과 청계천에 발을 담그며 사진을 찍기도 하고, 밤에는 가족들과 함께 산책하며 행복한 시간

을 보내기도 한다. 대부분 중구에 있는 청계광장을 방문
하지만, 때로는 영도교부터 광장까지 쭉 이어진 산책로를
한 번 걸어 보는 것도 좋다. 야간 운동을 하러 나온 사람
들도 많은 데다 간간이 조명으로 은은하게 비추는 곳도
있으니 한 번 걸어 보길 바란다.

음식이 식기 전에 알아보는
1분 식도락 역사: 서울

단종을 그리워하는 마음, '배'

조선의 세조는 어린 조카 단종을 폐위하고 스스로 왕이 되었다. 그리고 단종을 강원도 영월로 유배를 보내며 권력을 더욱 공고히 하기에 이르렀다. 이때 금부도사 왕방연이 단종을 호위하는 임무를 맡았다. 귀양길을 재촉하며 영월로 나아가고 있을 때쯤, 단종의 눈앞에 배나무 한 그루가 보였다. 단종은 맛있게 익은 배를 보자 한입 베어 먹고 싶었으나 죄인의 몸이라 그럴 수 없었다. 죄인은 물 한 모금 먹을 수 없다는 국법 때문이었다.

단종은 얼마 지나지 않아 유배지에서 사사되었다. 왕방연도 단종이 승하했다는 소식을 듣곤 곧바로 관직을 버리고 한양으로 돌아왔다. 이내 봉화산에 이르러 단종이 먹고 싶어 했던 배나무를 심기 시작했는데, 당시에는 세조의 어명 때문에 단종을 위한 제사는 엄격히 금지되던 시기였다. 그러나 왕방연은 단종이 승하한 날에 맞춰 매년 자신이 재배한 배를 차려 놓고, 강원도 영월 쪽을 향해 절을 했다. 임금의 목마름을 해결할 수 없었던 자신의 안타까운 마음이 간절히 닿기를 바랐던 것이다.

왕방연이 심은 배나무는 인근으로 점점 퍼져 나가 배밭이 조성되었다. 여기서 나온 배가 사람들에게 널리 알려지면서 왕이 먹는 배, '수라(=임금이 먹는 음식) 배'라는 이름을 갖게 되었다. 이곳이 바로 지금의 서울시 중랑구 먹골역 인근으로, 수라 배는 먹골역의 산지가 되어 전국적인 명소가 되었다. 꽃이 피는 4월이 되면 사람들은 하얀 배꽃을 구경하며 단종을 그리워했다고 전해지고 있다.

7장

제주도

땅에서 솟아난 3명의 수호신 '삼성혈'

위치
제주 제주시 삼성로 22

운영시간
매일 09:00~18:00/ 17:30 입장 마감

입장료
대인 4,000원, 청소년·군인 2,500원, 어린이 1,500원, 경로 1,500원

　제주공항에 도착하면 매우 이국적인 풍경이 한눈에 들어온다. 눈앞에 펼쳐진 야자수 나무와 돌하르방을 보면 제주도에 왔다는 걸 바로 실감할 수 있다. 대부분 아침 비행기를 탄 후 점심 즈음 도착하면 공항에서 벗어나 맛있는 점심을 먹으러 간다. 설령 SNS를 통해 알아본 맛집이 기대에 미치지 못하더라도 제주도 여행을 하면서 제일 기분 좋을 때는 바로 이때일 것이다.

　사람들은 제주공항에 도착하면 그곳을 벗어나기 바빠 제주시는 다른 관광지역에 비해 관심도가 낮다. 혼잡한 도심과 상습 정체 구간을 보면 얼른 벗어나고 싶은 욕구가 들기 때문이다. 반대로 집에 오는 날에는 아쉬움을 달래기 위해 제일 늦은 시간대의 비행기를 예약한다. 한반도 어느 지역이든 약 1시간 정도 소요되니 늦은 밤 비행기여도 크게 부담이 없다. 그래서 제주도를 방문하는 관광객들은 빠듯한 일정을 소화하곤 한다.

　그러나 의외로 제주시에는 볼거리가 많다. 특히 제주시 안에는 제주도의 기원이 담긴 삼성혈이 있는데, 이곳은 남녀노소 누구나 할 것 없이 가볍게 산책하기 좋은 곳이다. 굴곡진 언덕이 없고, 평평한 길이 많아 유모차로 이동해도 부담이 없다. 산책에 최적화된 장소인 삼성혈에 입장하여 우거진 고목 사이를 걷다 보면 많은 공기와 함께 신선이 된 기분을 맛볼 수 있다.

그리고 산책로를 걷다 보면 삼성혈 전시실과 영상실이 나온다. 전시실에는 삼성혈 신화에 대한 모형도가 전시되어 있고, 영상실에는 삼성혈 신화와 관련된 애니메이션이 상영되고 있다. 전시실과 영상실을 둘러보고 나오면 움푹 파여 웅덩이처럼 생긴 삼성혈을 볼 수 있다. 이곳은 신기하게도 비가 와도 물이 고이지 않고 눈이 와도 쌓이지 않는 곳이라 하는데, 삼성혈에 담긴 전설이 그 이유를 말해 준다.

지금으로부터 약 4천 3백 년 전, 하늘신은 사람이 살고 있지 않던 제주도를 다스리기 위해 3명의 신을 내려 보냈다. 그리고 한라산에 도착한 삼신인이 북쪽 모흥 땅에서 솟아올라 세상에 모습을 드러내자, 삼신인이 솟아난 웅덩이를 가리켜 삼성혈이라 불렀다.

삼신인이 그곳에서 가장 먼저 한 일은 자신들의 성과 이름을 짓는 일이었다. 그리고 솟아난 순서에 따라 첫째는 양씨, 둘째는 고씨, 셋째를 부씨로 정했으며, 이름을 을나라고 지었다. 그다음 활을 쏘아 화살이 떨어지는 자리에 도읍을 정한 뒤, 각기 새로운 국가를 건설하기 시작했는데, 서로가 질투하거나 시기하지 않았기 때문에 삼신인이 건국한 세 나라는 싸울 일이 없었다. 오히려 따뜻한 봄날이면 다 함께 모여 가죽 옷을 입고 노루 사냥을 다녔으니 이들의 일상은 사람이라고는 볼 수 없는 신선 그 자체였다.

그러던 어느 날, 붉은 진흙으로 봉해진 나무 상자가 동쪽 먼바다에서 떠내려왔다. 마침 해안가를 산책하고 있던 삼신인은 매우 기이한 모습을 한 나무 상자가 나타나자 신기한 듯 쳐다보았다. 곧바로 나무 상자를 주워 열어 보았으나 그 안에는 단단한 석함으로 봉인된 또 다른 상자가 있었다. 삼신인은 서로 힘을 합쳐 나머지 석함도 열어 보려 했지만 석함은 단단히 봉인된 상태로 열리지 않았다.

삼신인이 석함을 들고 아등바등하고 있을 때쯤 붉은 띠에 자줏빛 옷을 입은 한 사내가 그곳에 등장했다. 사내는 삼신인이 석함을 열지 못하고 있는 것을 보자 직접 석함을 열어 삼신인에게 건네주었다. 바로 그때 번쩍하는 섬광과 함께 정체 모를 물체가 순식간에 튀어나왔으니 바로 어여쁜 공주 3명과 망아지와 송아지 그리고 오곡 씨앗이었다.

사내는 곧장 삼신인에게 엎드려 절하며, 자신은 동쪽 먼바다 건너에 있는 벽랑국 사람으로서 이곳 제주도에 삼신인이 나타나는 것을 보았다고 했다. 그리고 삼신인의 성스러운 대업을 위해 벽랑국을 대표하여 이곳에 왔음을 고했다. 더불어 삼신인을 위해 벽랑국 공주 3명을 바치겠으니 부디 왕비로 맞아 제주도의 번영을 이어 주길 간절히 부탁했다.

자신의 말을 전한 사내는 이내 홀연히 구름처럼 사라져 보이지 않았다. 이후 세 공주와 결혼한 삼신인은 동굴에 신혼집을 차리고 인간으로서 생활하기 시작했고, 터를 잡은 곳에는 활기가 넘쳐났다.

훗날 후손들에게 삼신인의 탄생 설화는 역사가 되었고 신화가 되었다. 그리고 삼신인과 연결된 곳은 각각의 이름을 붙여 매우 신성시했다. 붉은 함이 떠내려온 곳을 연혼포, 삼신인이 한데 모여 목욕을 즐겨 했던 연못을 혼인지, 신혼집으로 장만했던 동굴을 신방굴이라고 했다. 마침내 삼신인의 후손들이 대대손손 번영을 이루며 크게 흥하니 이곳이 바로 탐라국이었다.

삼성혈은 제주시 한가운데에 있다. 그러나 연혼포·혼인지·신방굴은 제주시에서 멀리 떨어져 있는데, 신화 속 내용대로 동쪽 먼바다를 바라볼 수 있는 서귀포시 성산읍 부근에 자리하고 있다. 특히 연혼포의 경우 탁 트인 바다가 시선을 사로잡으며, 바다를 멍하게 바라볼 수 있는 경치 때문에 물멍(물을 보면서 멍하게 있기)하기 좋은 BEST 5 안에는 들어가는 곳이다. 연혼포에서 약 5분 정도 이동하면 삼신이 혼례를 올린 곳인 혼인지가 있다. 그리고 같은 공원 안에 신방굴까지 자리하고 있어 이를 한눈에 관람할 수 있다. 간혹 혼인지 안에 있는 신방굴을 보고 삼성혈과 혼동하곤 하는데, 삼성혈은 전혀 다른 곳임을 명심하자.

삼성혈은 봄이 되면 벚꽃이 만개하는 곳이지만, 이곳을 아는 사람은 극히 드물다. 넓은 잔디밭과 산책로가 붙어 있어 한적한 곳을 좋아하는 사람이라면 무조건 들러보는 게 좋다.

병든 어머니가 마시고 나았다는
신비의 물 '백록담'

위치
제주 서귀포시 토평동 산15-1

운영시간
한라산국립공원 등산허용 안내 별도 참조

입장료
무료

초등학교 때 대한민국 지도를 그린 다음 산의 위치를 찾아 자를 대고 그리는 수업이 있었다. 그리고 태백산맥과 소백산맥을 그리면서 백두대간이라 배웠다. 하지만 나에게 산의 위치가 어디 있는지는 별로 중요하지 않았다. 오히려 백두산의 높이는 몇 m고, 한라산은 몇 m고, 산의 높이가 전 세계에서 어느 정도인지가 더 궁금했다. 한라산이 백두산만큼 컸다면 어땠을까? 하는 나 혼자만의 상상은 지리 수업을 더 재밌게 만들어 주었던 것 같다.

백록담은 한라산 정상에 있는 분화구로 남북길이 약 400m, 동서길이 약 600m, 둘레만 약 3km, 깊이는 약 108m에 달하는 매우 큰 분화구다. 조선 후기 실학자였던 이익의 《성호사설》에 의하면 한라산에는 사슴이 매우 많았다고 한다. 더불어 한겨울 눈이 내리면 이듬해 봄이 되어서도 눈을 볼 수 있는데, 옛날부터 흰 눈이 덮인 늦봄의 한라산을 '녹담만설'이라 부르며 절경으로 꼽았다.

녹담만설은 영주 12경 중 하나다. 영주는 과거 제주도를 부르던 지명이며, 12경이란 제주도에서 경관이 빼어난 12곳을 뜻한다. 그중에서 가장 눈에 띄는 장소는 총 6곳이다. 제1경은 성산 일출봉에서 보는 해돋이, 제2경은 사라봉에서 보는 저녁노을, 제3경은 한라산의 진달래꽃,

제4경은 정방폭포의 여름, 제5경은 귤이 익어 가는 가을 빛, 제6경이 은빛 한라산, 바로 녹담만설이다. 그리고 이 녹담만설과 관련된 사슴 신화가 하나 전해지고 있다.

　　제주도에는 병든 홀어머니를 모시고 사는 효심 지극한 사내가 있었다. 그는 백발백중의 활 쏘는 실력 덕분에 마을에서도 사냥을 가장 잘하는 사내로 소문이 자자했다. 하루는 육지에서 보따리 상인이 건너와 마을에서 물건을 팔고 있었다. 사내가 몸이 불편하신 어머니 생각에 병을 고칠 수 있는 약이 있는지 물어보자 상인은 사슴을 잡아 고기는 말려서 먹고 피는 물에 섞어 마시는 게 효과가 가장 좋다고 알려 주었다.

　　그 사내는 상인이 일러준 대로 사슴을 잡기 위해 곧장 길을 떠났으나 가는 날이 장날이라고 했던가. 유독 날씨가 좋지 못했다. 눈발이 심하게 흩날리고 있었지만 사내는 어머니 생각에 하루라도 미룰 수 없었다. 계속해서 눈발을 헤치고 나아가며 산 정상에 다다를수록 눈보라는 심해졌고, 한 치 앞을 내다보기 힘들 정도였다.

　　사내는 눈보라가 점점 심해지자 도중에 포기하고 내려갈까 하는 생각을 했다. 정말 어머니가 사슴고기를 드시면 병이 나을 수 있을지 확신이 들지 않았다. 그러나 어머니의 건강을 위해 포기할 수는 없었다. 그렇게 얼마쯤 올라갔을까. 마침내 정상에 이르러 주변을 살펴보니 때마침 여유롭게 물을 마시고 있는 사슴 한 마리가 있었다.

사내는 기쁨에 겨운 나머지 곧장 그 사슴에게 활을 겨누었는데, 어디선가 웬 백발의 노인이 나타나 사슴을 막아서고 노려보는 것이 아닌가. 그러고는 홀연히 그 사슴을 데리고 사라져 버렸다. 워낙 순식간에 벌어진 일이라 사내는 어안이 벙벙했고, 자신의 눈앞에 있던 사슴이 갑자기 사라져 버리자 두 눈을 의심했다. 사내는 황급히 눈을 씻고 주위를 둘러보았으나 여전히 노인과 함께 사라진 사슴은 찾을 수 없었다. 고생해서 올라온 산을 아무런 성과 없이 다시 내려가야만 했으니 기분이 썩 좋지만은 않았다. 무엇보다 어머니의 병을 낫게 해 드리려고 올라온 산을 빈손으로 내려가야 한다는 게 너무 슬펐다. 그래서 기왕 산에 올라온 김에 맑고 깨끗한 물이라도 떠서 어머님께 드리고자 했고, 사슴이 마시고 있던 연못의 물을 담아 하산한 뒤 어머님께 물을 건네 드렸다.

그러자 사내가 실망한 것과는 다르게 매우 신기한 일이 일어났다. 평소 몸이 불편하셨던 어머니의 병이 말끔히 완치된 것이다. 사내는 너무 기뻐 어쩔 줄 몰랐고, 이 모든 게 그 사슴 덕분이라고 생각했다. 어머니의 병이다 나았다는 소식은 마을 사람들에게 전해졌고 모두 어머니의 병이 나은 것을 축하했다. 사내의 이야기를 전해 들은 마을 사람들은 그 연못을 가리켜 흰 사슴이 물을 마신 곳이라 하여 백록담이라 불렀다.

백록담은 2020년 1월 1일부터 성판악 코스와 관음사 코스에 한정해 예약을 받고 있다. 과거와 달리 한라산 등산을 위해서는 예약이 필수가 됐는데, 성판악 코스 방문객은 하루 천 명, 관음사 코스 방문객은 하루 500명 이내로 산정하고 있다. 한라산이 세계 유일의 4대 국제보호지역이기 때문에 인원을 관리하는 것이라고 보면 된다. 덧붙여 탐방객들의 안전성도 고려되어 등산을 자주 한다면 관음사 루트, 초보자라면 성판악 루트를 추천하고 있다. 다만 어리목·영실·돈내코 코스는 기존처럼 예약 없이 탐방 가능하니 참고하도록 하자.

관음사 루트를 이용하다 보면 산을 따라 흘러내리는 탐라계곡을 볼 수 있다. 신기한 것은 군데군데 큰 웅덩이처럼 움푹 파이거나 동굴처럼 생긴 지형들이 많다는 것인데, 우리 선조들은 이걸 주제로 기가 막힌 이야기를 만드셨다. 바로 탐라계곡에 깃든 전설이다.

하늘에서 사는 신선들과 선녀들은 한라산에서 노는

것을 좋아했다. 백록담에 들어가 목욕을 하고서 근처에 걸터앉아 아름다운 절경을 감상하곤 했다. 하지만 옥황상제는 신선과 선녀에게 같은 날, 같은 시간에 내려가지 말라고 명령을 내렸다. 남녀가 7살이 지나면 같은 이부자리에도 눕지 않는다는 "남녀칠세부동석"이라는 말이 하늘나라에도 있었던 모양이다. 하지만 백록담에서 목욕하는 선녀의 모습이 궁금했던 어느 한 신선은 선녀가 다 함께 모여 백록담에 목욕하러 내려간 사이 몰래 바위틈에 쭈그려 앉아 훔쳐보기 시작했다.

　꼬리가 길면 잡힌다고 했던가. 인기척이 나는 걸 수상하게 여긴 선녀가 주위를 둘러보았고, 이내 바위틈에서 자신들을 훔쳐보는 신선과 눈이 마주쳤다. 소스라치게 놀란 선녀가 큰 소리를 내며 비명을 질렀는데, 그 소리가 얼마나 컸던지 잠시 낮잠을 청하고 있던 옥황상제가 잠에서 깰 정도였다. 옥황상제의 명을 어겼으니 불호령이 떨어지는 것은 불 보듯 뻔한 일이었고, 신선 역시 옥황상제가 이 사실을 알까 봐 매우 두려웠다. 신선은 급한 마음에 산 아래쪽으로 한달음에 뛰어 내려가기 시작했는데, 이때 신선이 도망친 자리마다 깊게 파여 계곡이 되었으니 이게 바로 탐라계곡이 생긴 이유라고 한다.

눈 덮인 한라산 절경은 입이 다물어지지 않을 정도
지만, 정상까지 올라가도 기상 여건에 따라 백록담을 보
지 못하는 경우가 대부분이다. 대부분 힐링 여행을 위해
제주도를 방문하나, 등산을 위해 한라산을 등반할 계획이
라면 눈이 많이 내린 겨울에 방문할 것을 추천하고 싶다.
녹담만설이라 불리는 한라산의 절경을 보는 순간 가슴이
시원해지는 것을 느낄 수 있을 것이다.

돌아가신 어머니가 그리워
바위가 된 사내 '차귀도장군바위'

위치
제주 제주시 한경면 고산리

운영시간
차귀도 이용 시 유람선 이용/ 유람선은 인터넷 별도 예약 필수

가격
차귀도 유람선 홈페이지 참조

"자식을 낳아 봐야 부모 마음을 알 수 있다."

우리는 학창 시절을 질풍노도의 시기라 부른다. 나 역시 질풍노도의 시기를 보내며 부모님 속을 꽤 썩였다. 그때마다 아버지께 혼나기 일쑤였는데, 항상 자식을 낳아 봐야 부모 마음을 알 수 있다고 하셨다. 하지만 아버지 말씀을 잔소리로만 생각했던 나는 귀담아듣지 않았다. 세월이 흘러 나도 부모가 되어 내 아이들을 보면서 그때 아버지가 하셨던 말씀을 되새기곤 한다. 부모로서 최선을 다하지 않는 사람은 없다. 어떻게든 하나라도 더 해 주고 싶은 게 부모 마음이니까. 자식이 올바르고 건강하게 자라 주길 바라는 건 부모라면 똑같이 느끼는 감정일 것이다. 그런데 눈에 넣어도 아프지 않을 내 아이가 만약 500명이라면 어떻게 키워야 할까?

한라산을 등반할 수 있는 루트는 여러 군데가 있는데, 등산객들은 그날그날의 몸 상태에 따라 자신에게 맞는 루트를 이용하면 된다. 한라산을 등반할 수 있는 탐방로는 관음사·성판악·어승생·어리목·돈내코·영실 탐방로가 있다. 모두 어디서 오르던지 한라산의 절경을 마음껏 즐길 수 있으나 그중 영실 탐방로에서만 볼 수 있는 특별한 바위가 하나 있다. 바로 영실기암, 다른 말로는 병풍바위라 부르는 곳이다.

영실기암은 한라산 서남쪽 약 1,600m 지점에 있다. 약 250m의 수직암벽으로 형성되어 암벽을 구성하는 기암이 병풍처럼 둘러싸여 있다. 영주 12경 중 제9경으로 불리며 가을철 단풍이 우거진 기암을 바라보면 감탄이 절로 난다. 영실기암을 가만히 보고 있노라면 정말 병풍처럼 긴 바위가 쭉 늘어서 있는 모습을 볼 수 있다. 이 영실기암에는 예부터 전해져 내려오는 특별한 신화가 하나 있다.

아주 먼 옛날 제주도에는 500명의 아들들을 키우는 어머니가 있었다. 그러나 자식들이 너무 많아 한 끼를 먹어도 풍족하게 먹지 못했고, 살림살이는 순식간에 동이 나 끼니를 어떻게 이어 가야 할지 매번 고민이 되었다. 때마침 제주도에 흉년과 기근이 겹쳐 양식을 구하는 게 더욱 힘들어졌다. 어머니는 최대한 아껴서 오래 먹이고자 했으나 이마저도 쉽지 않았다. 어머니는 먹을 게 떨어지자 500명의 아들들을 불러 모아 각자 먹을 양식을 구해 오라고 했다. 그리고 집에 남아 있던 마지막 양식을 긁어모아 죽을 끓였고, 그걸로 며칠을 더 버티고자 했다. 500명의 아들들이 한꺼번에 먹을 죽을 끓여야 했으니 솥의 크기도 매우 컸다.

아들들이 양식을 구하러 나간 사이, 어머니는 분주하게 이리저리 움직이며 죽을 저었다. 그런데 위태롭게 솥 위에서 죽을 젓고 있던 어머니가 그만 발을 헛디디고 말았고, 어느 누가 도와줄 새도 없이 솥으로 빠져 버리고 말았다. 얼마쯤 시간이 지났을까. 마침 양식을 구해 온 아들들이 하나둘씩 집에 도착했다. 그러나 마당에는 큰 솥만 덩그러니 놓여 있을 뿐 애타게 어머니를 불러도 대답이 없었다.

아들들은 어머니가 양식을 구하러 나가신 게 아닌가 생각했다. 하지만 한참을 기다려도 어머니는 오시지 않았고, 때마침 솥에서 끓던 죽이 완성되어 모락모락 김이 나기 시작했다. 며칠을 제대로 먹지 못해 허기졌던 아들들은 죽을 먹는 동안에 어머니가 오시겠거니 싶어 첫째 아들부터 순서대로 그릇을 들고 죽을 덜어 내었다. 이윽고 마지막 500번째 아들이 국자로 죽을 뜨려는 순간이었다. 무언가 이상한 물체가 눈에 들어왔다.

막내아들은 형님들에게 솥 안에 보이는 게 무엇이냐고 물었으나 몇몇 형님들은 막냇동생이 배가 고파서 잘못 본 거라며 대수롭지 않게 생각했다. 그러나 다른 형님들은 막내의 표정이 심상치 않음을 읽을 수 있었는데, 다

같이 솥에 올라 뼈를 본 그 순간, 막내아들은 울음을 터뜨리고 말았다. 그것은 죽에 빠져 죽은 어머니의 뼈였다.

막내아들은 솥에서 내려와 대성통곡했다. 그리고 어머니를 먹어 버린 형님들이 원망스럽다며 크게 한탄했다. 처음에는 형님들도 이게 무슨 일인가 싶었으나 막냇동생의 눈물을 보자 자신이 너무 죄스러웠다. 그 자리에서 죽을 먹고 있던 500명의 아들은 모두 울음을 터뜨렸고, 조금만 더 어머니를 찾아 보았으면 이런 일은 일어나지 않았을 것이라고 자책했다. 막내아들은 어머니를 먹어 버린 형들이 너무 미울 따름이었다.

그리고 형들과는 같이 살 수 없다며 한참을 울면서 달려가던 막내아들이 제주도 서쪽 차귀도에 이르렀다. 그는 슬픔을 이기지 못한 채 몇 날 며칠을 울었고 결국 그대로 굳어 바위가 되었다. 한편 막내가 집을 나가자 형님들은 너무 부끄러웠다. 자신들이 큰 불효를 저질렀다는 사실이 너무 슬퍼 형님들도 대성통곡하기 시작했고 그대로 굳어 바위가 되었다. 그리고 차귀도에서 바위가 된 막내아들은 '차귀도장군바위'가 되었으며, 499명의 형님은 '영실기암 병풍바위'가 되었다. 그리하여 후대의 사람들은 이들을 합쳐 '오백장군'이라 불렀다.

여담으로 이곳은 '영실기암 오백나한'이라는 이름도 전해진다. 나한이란 아라한의 줄임말인데 공경받는 자 또는 깨달음을 얻은 자로서 공경받을 만한 인물이라는 의미가 있다. 석가모니가 열반한 후 그의 10대 제자들은 석가모니의 가르침을 한데 모으기 위해 노력했다. 10대 제자 중 하나였던 마하가섭이 아라한이 된 사람들을 소집했는데 이때 모인 아라한이 500명이었다. 석가모니 사후 불교의 교리를 바탕으로 모인 이 소집을 오백 결집이라 불렀다.

오백나한과 오백장군 이야기는 서로 다른 이야기로 오백장군들이 쭉 늘어선 바위를 나한 불상이 공대하는 것 같다고 하여 오백나한이라고도 부른다. 그리고 영실 계곡의 바위들을 보며 석가모니가 제자들에게 설법하던 영산전과 비슷하다고 해서 영실이라 불렀으니 이때부터 영실기암 오백나한은 한라산 백록담·물장오리와 함께 3대 성소 중 하나로 매우 신성하게 모셔졌다.

제주도를 만든 설문대할망 이야기
'제주 돌문화공원'

위치
제주 제주시 조천읍 남조로 2023 교래자연휴양림

운영시간
매일 09:00~18:00/ 17:00 입장 마감(매주 월요일 정기휴무)

입장료
대인 5,000원, 청소년·군경 3,500원

제주도를 홍보하는 문구나 영상을 보면 신비의 섬 제주라고 표현한다. 왜 그럴까? 아마 제주도에 내려오는 약 2만여 개에 달하는 전설 때문일 것이다. 대부분 전설은 구전의 형식을 띠기 때문에 출처가 불명확하거나 이야기가 파생되어 내용이 달라지는 특성이 있다. 다른 지역이지만 같은 전설이 내려오거나 같은 지역이지만 다른 전설이 내려오기도 한다. 대표적인 예가 지금 소개할 설문대할망 이야기다. 설문대할망은 제주도를 처음 창조한 신으로, 제각각의 이야기가 전해지고 있다. 일반적인 전설은 사람이 주체가 되지만, 설문대할망은 사람이 아닌 신으로서 모셔지고 있다. 제주도가 왜 신비의 섬이라고 불리는지는 설문대할망의 이야기를 살펴보면 알 수 있다.

아주 먼 옛날 하늘나라에는 옥황상제의 딸 설문대할망이 살고 있었다. 설문대할망은 평소 하늘나라 생활에 큰 싫증을 느꼈고, 언제든지 기회만 된다면 하늘나라를 벗어나고 싶어 했다. 그러나 옥황상제는 하늘의 신들이 인간들의 삶에 개입하지 않기를 바랐기에 누구든지 육지로 내려가지 말라고 명령을 내렸다.

그러던 어느 날 설문대할망은 여느 때처럼 구름 위를 걷고 있었다. 그러다 문득 육지의 풍경이 보고 싶어 하

늘 밑을 내려다보았는데, 주위를 천천히 둘러보던 설문대
할망의 시선은 어느 지점에 이르러 멈춰 섰다. 그 지역은
신기하게도 하늘과 땅이 달라붙어 있어 영험한 기운이
솟구치는 지역이었다. 설문대할망은 그곳의 풍경이 너무
아름다워 직접 만져 보고 싶었다.

하지만 옥황상제의 딸일지라도 불호령을 어기고 내
려가기란 쉽지 않았다. 며칠을 고민하던 설문대할망은
큰 결심을 한 듯 몰래 육지로 내려가 평소 자신이 하늘나
라에서 주의 깊게 보았던 그곳에 도착했다. 이윽고 설문
대할망은 자신의 능력을 활용해 하늘과 땅을 분리하고는
치마폭에 흙을 담아 하늘나라로 돌아갔는데, 이 사실을
알게 된 옥황상제는 매우 노여워했다. 이윽고 옥황상제는
짓궂은 설문대할망을 혼내 줄 요량으로 하늘나라에서 내
쫓았으며, 그 벌로 육지로 내려가 천 년 동안 그곳을 다스
리게 했다.

그러나 설문대할망은 옥황상제에게 벌을 받을 생각
에 너무 기뻐했다. 자신이 그토록 원하던 육지에서의 삶
이 어떻게 펼쳐질지 너무 기대됐기 때문이다. 설문대할망
은 옥황상제의 말이 끝나기도 전에 하늘나라에서 뛰어내
렸고, 그만 발이 미끄러져 치마폭에 담아 두었던 흙을 바
다에 쏟아 버렸다. 설문대할망의 치마에서 쏟아진 흙은

그대로 바다 한가운데 쌓여 큰 섬을 이루게 되었으니 이
게 바로 제주도였다.

설문대할망은 하늘에 사는 신답게 키가 크고 힘이
무척이나 셌다. 하늘나라 사람들조차 설문대할망을 거인
할망이라 불렀을 정도였는데, 낮이면 성큼성큼 바다를 건
너 다른 곳에 놀러 갔다 밤이 되면 제주도로 돌아왔다. 그
리고 한라산을 베게 삼아 제주도에 드러누워 잠을 청하
곤 했다.

하지만 설문대할망은 밤마다 잠자리가 너무 불편했
다. 편하게 눕고 싶어도 한라산 꼭대기가 너무 뾰족해 제
대로 눕지 못했다. 설문대할망이 어떻게 하면 편하게 누
울 수 있을까 궁리하던 것도 잠시, 곧바로 한라산 꼭대기
를 분질러 버렸다. 그래서 설문대할망이 잘라 버린 한라
산 정상은 움푹 파여 백록담이 되었고, 내다 버린 한라산
꼭대기는 서남쪽으로 날아가 현재 서귀포시에 자리하고
있는 산방산이 되었다.

설문대할망이 제주도에 터를 잡고 얼마쯤 살았을까.
입고 있던 속옷이 낡았으나 바꿔 입을 속옷이 부족했다.
그래서 설문대할망은 제주도에 살던 사람들에게 자신을
위한 속옷을 지어 달라고 부탁했다. 그리고 그 대가로 제
주도 사람들을 위해 육지로 가는 다리를 놔 주겠다고 했

다. 제주도 사람들은 설문대할망의 제안을 받아들여 속옷을 만들기 시작했으나 몸집이 워낙 크다 보니 어려움이 따랐다. 제주도 사람들은 설문대할망의 속옷을 어떻게 만들어 주면 좋을지 고민했으나 쉽게 결론이 나지 않았다.

당시 제주도 사람들은 명주로 만든 속옷을 입었다. 그래서 자신들이 입는 명주 속옷을 설문대할망이 입을 수 있게 만들어 주자는 의견이 나왔고, 설문대할망의 속옷을 만들기 위해서는 명주 100통이 필요하다는 결론에 이르렀다. 그런데 여기서 생각지도 못한 문제가 하나 발생했으니 바로 제주도 사람들이 가지고 있는 명주를 긁어모아도 99통밖에 되지 않는다는 것이었다. 당장 1통을 다른 곳에서 구할 수도 없는 노릇이었으니 사람들은 급한 대로 명주 99통을 가지고 설문대할망의 속옷을 만들기 시작했다.

그로부터 얼마 뒤 제주도 사람들이 설문대할망에게 속옷을 완성했다며 건네주었다. 한동안 속옷 없이 살아 불편했던 설문대할망은 곧장 속옷을 입어 보았으나 부족했던 명주 1통 때문이었는지 속옷에 구멍이 보였다. 설문대할망은 사람들이 속옷 한 벌을 만드는 것도 제대로 해주지 않자 너무 서운했다. 이내 속옷 때문에 속이 상한 설문대할망이 다리 만드는 것을 관두면서 제주도는 육지와 이어지지 못했다. 그래서 타원형인 제주도 지형에서 서남쪽 모슬포 앞바다만 볼록하게 튀어나온 모습을 볼 수 있는데, 이곳이 바로 설문대할망이 다리를 놓던 장소라고 한다.

모슬포는 방어가 유명해 10월부터 2월까지 마라도를 중심으로 방어 어장이 형성되며, 매년 11월이 되면 모슬포항에서 방어 축제가 개최된다. 겨울철 방어는 제철이라 가격이 비싸다는 단점이 있으나 모슬포 앞바다를 바라보며 먹는 방어의 맛은 잊을 수 없다. 물론 나는 회 맛을 몰라 초장만 잔뜩 찍어 먹는다.

제주도에 전해져 내려오는 신화에 설문대할망 이야기가 담겨 있지 않은 곳이 없다. 그래서 오백장군의 어머니가 설문대할망이라는 이야기도 있고, 한라산 3대 성소인 물장오리에 설문대할망이 빠져 죽었다는 등 여러 이야기가 전해지고 있다. 설문대할망의 이야기는 한라산 동쪽에 있는 제주돌문화공원에도 잘 조성되어 있다.

제주도에서 가장 넓은 백사장인 표선 해수욕장은 설문대할망의 넋을 기리는 곳으로 유명하다. 장마철 잦은 침수피해 때문에 설문대할망이 바다를 메워 포구로 만들어 주었다고 전해지고 있는데, 때문에 표선 해수욕장 옆에 있는 당케포구를 당케할망의 전설이라 부르기도 한다.
해돋이 장소로도 유명한 곳이니 방문해 보자.

사람을 잡아먹고 저주를 내린 뱀이 있다? '김녕사굴'

위치
제주 제주시 구좌읍 김녕리

운영시간
김녕사굴 입장 불가(동굴 폐쇄)/ 만장굴 이용

입장료(만장굴)
대인 4,000원, 청소년·군인 2,000원, 어린이 2,000원

예부터 동굴에는 뱀이 살았다는 이야기를 자주 접해 봤을 것이다. 거대한 구렁이가 나타나 사람들을 잡아먹자 마을 사람들이 힘을 합쳐 이를 물리쳤다는 이야기다. 대한민국뿐만 아니라 전 세계 전래 동화에는 빠지지 않고 등장하는 단골 메뉴인데, 서양과 다른 부분은 뱀이냐, 용이냐의 차이인 것 같다.

제주도에는 만장굴이라 불리는 용암동굴이 있다. 2007년 유네스코 세계문화유산으로 등록된 용암동굴인데, 생태계와 학술적 보존 가치가 매우 높은 동굴이다. 이곳은 1946년 김녕초등학교 교사였던 부종휴 선생님에 의해 처음 발견되었다. 총 길이는 약 7,500km로 매우 긴 동굴이지만 안전상의 문제로 약 1km 구간만 공개됐다.

만장굴은 동굴 중간 부분의 천장이 무너져 3개의 입구가 형성됐다. 그래서 일반 관광객들이 출입할 수 있는 입구는 제2입구뿐이다. 수치상으로는 매우 짧아 보이지만 안쪽 깊숙이 관람하기까지 약 1시간 정도 소요되니 차분하게 둘러 보자. 그리고 만장굴 옆에 다른 입구가 하나 더 있는데 그게 바로 김녕사굴이다. 현재는 출입이 제한되고 있으나 이곳은 예전부터 뱀처럼 생긴 굴이라고 해서 뱀굴이라 불렸다. 그래서인지 김녕사굴에는 뱀과 관련된 전설이 전해지고 있다.

제주특별자치도 제주시 구좌읍 김녕리 마을 동쪽에는 뱀굴이라 불리는 큰 동굴이 하나 있었다. 이 동굴에 사는 뱀은 귀가 달리고 항아리만큼 큰 눈동자를 가졌으며, 매년 사람으로 변신해 마을로 내려왔다. 그러고는 비바람이 몰아치게 하여 물에 잠기게 하거나 기다란 꼬리로 곡식을 휘저어 흉년이 들게 했다. 날이 갈수록 강도가 심해져 이유 없이 마을 사람들을 살해하는 등 나쁜 짓만 골라서 하니 마을 사람들은 이 뱀을 크게 두려워했다.

사람들은 하나둘씩 떠나갔고 마땅히 갈 곳이 없는 사람들만 그곳에 남았다. 김녕리는 점점 황폐해져만 갔으나 사람들은 뾰족한 대책이 없어 발만 구르고 있었다. 그러던 어느 날 마을 사람들이 모여 뱀을 어떻게 처리할 것인지 대책을 논의하던 중 아무도 명확한 대답을 내놓지 못하자 마을 촌장이 직접 나서서 자신이 뱀에게 어떻게 해 주기를 바라는지 물어보겠다고 말했다.

마을 촌장의 용기에 마음이 동한 여러 사내가 촌장과 함께 가 보기로 했다. 마침내 굴에 이르러 안으로 들어가고자 했으나 막상 굴 앞에 다다르자 누구 하나 나서는 이가 없었다. 이들이 옥신각신하고 있을 때쯤 굴 안에 있던 뱀이 모습을 드러냈다. 자신이 자는 걸 방해했으니 잡아먹겠다며 마을 사람들을 위협하자 용기를 낸 촌장이 앞으로 나섰다. 그리고 현재 마을의 상황이 어려우니 적당한 선에서 타협하고자 했고, 골똘히 생각에 잠긴 뱀은 지정된 날짜에 매년 소녀 2명과 음식을 바치면 더 이상 괴롭히지 않겠다고 했다. 그러나 날짜를 어긴다거나 약속한 내용과 다르다면 사람들을 죽이겠다고 하였는데, 마을 사람들은 제물을 바치는 것이 옳은 방법은 아님을 알고 있었지만 달리 방법이 없어 마지못해 승낙하고 말았다.

이에 마을로 내려온 촌장은 사람들을 불러 모아 뱀과 나눈 이야기를 전해 주었다. 촌장의 이야기에 화를 내는 사람도 있었고 슬피 우는 사람도 있었다. 삶을 체념한 듯이 그냥 돌아가는 사람도 있었으나 누구 하나 뱀을 처치하자고 나서는 이는 없었다. 딸을 가진 부모들은 피눈물을 머금은 채 자식들을 내어 놓을 수밖에 없었다. 그러나 모범을 보여야 할 김녕리의 양반들은 이 소식을 전해 듣자 뒤로 숨기 시작했고, 딸을 남자로 변장시키거나 다른 곳으로 빼돌려 숨겨 두었다.

매년 제물로 선택된 소녀들은 울고불고 매달렸으나 어른들은 이 사태를 해결할 방법이 없었다. 이러한 악습은 세월이 흘러도 변하지 않았고, 그렇게 수십 년째 마을 소녀들은 뱀에게 제물로 바쳐졌다. 뱀도 마을 사람들이 제물을 바치니 난동을 피우지 않았다. 겉으로는 매우 활

기찬 마을 같아 보였으나 어디까지나 겉모습일 뿐이었다.

이러한 마을의 악습이 수십 년째 이어져 오던 어느 날. 새로운 제주에 서련이라는 판관이 부임하게 되었다. 제주도의 여러 마을을 돌며 업무를 게을리하지 않았던 서판관은 때마침 김녕리에 흉악스러운 뱀이 살고 있다는 소식을 들었다. 그리고 마을 사람들이 뱀을 무서워하며 제물까지 바친다는 이야기에 크게 한탄했다. 서판관은 어째서 마을 사람들이 뱀 따위에게 제대로 대항하지도 못하고 제물을 바치고 있는지 이해하지 못했다. 그래서 직접 김녕리에 찾아가 마을 사람들을 만나 보기로 했다.

서판관은 김녕리에 도착해 마을 사람들을 모두 한곳에 모이게 한 후, 그들로부터 어떤 삶을 살아 왔는지 뱀은 어떤 영물인지 꼬치꼬치 묻기 시작했다. 마을 사람들도 새롭게 부임한 서판관이 뱀의 횡포로부터 구해 주길 바랐다. 눈에 넣어도 아프지 않을 자식들을 사지로 내모는 게 쉽진 않았기에 서판관의 도움을 받아 저주로부터 해방되고 싶어 했다. 곧바로 서판관과 마을 사람들은 뱀을 물리치기 위해 계획을 세웠다. 평소처럼 제물을 준비해 바치는 것처럼 위장하는 대신 소녀가 아닌 건장한 남성 2명을 여자로 분장시켜 앉아있게 했다. 뱀이 소녀들을 맞이하러 나오면 병사들과 함께 일거에 달려들기로 모의했다.

제물을 바칠 시간이 되자 이런 사실을 알 리 없는 뱀이 굴 밖으로 나오기 시작했다. 그리고 제사상에 차려진 떡과 술을 먹고는 소녀들이 있는 쪽으로 몸을 움직였는데, 그때 풀숲 뒤에 숨어 있던 서판관과 마을 사람들이 한꺼번에 뛰쳐나와 뱀을 찌르며 몸에 불을 붙였다. 이번 기회가 아니면 뱀을 처단할 방법이 없었기 때문에 모두 힘을 합쳐 뱀을 꼭 죽이고자 했다. 마을 사람들의 원한이 컸던 탓일까. 수천 년 묵은 뱀일지라도 장정 수십 명이 달려들어 찌르고 베니 견뎌낼 재간이 없었다. 치열한 전투가 벌어진 것도 잠시 뱀은 이내 기력이 다했는지 서판관을 마지막까지 노려보더니 결국 죽고 말았다.

이 광경을 멀리서 지켜보던 김녕리 무당이 산에서 내려왔고, 곧장 서판관에게 다가가 뱀의 저주가 걸렸으니 도망치라고 속삭였다. 요사스러운 뱀이 죽어서도 서판관을 해칠지 모르니 얼른 성으로 피신하라고 알려 준 것이었다. 무당은 여기에 덧붙여 성안으로 들어가기 전까지 저주는 계속될 것이니 무슨 일이 있어도 뒤를 돌아보지 말라고 신신당부를 했다. 무당의 말에 놀란 서판관은 급히 말에 올라 병사들과 함께 자리를 떠났다. 한참을 달려가자 시야에 성이 보이기 시작했고, 서판관은 조금만 더 달려가면 성안으로 들어갈 수 있다는 생각에 순간 안심했다.

그런데 자신을 따라온 한 병사가 자신들이 달려온 길에 피가 비처럼 내리고 있다고 외쳤다. 성에 거의 다 왔기 때문이었을까. 서판관은 절대로 뒤돌아보지 말라는 무당의 경고를 잊고 그대로 고개를 돌렸다. 서판관이 고개를 돌리자 비가 온다고 외쳤던 병사가 연기처럼 사라졌다. 그는 그제야 무당이 했던 충고를 머릿속에 떠올렸으나, 결국 피를 토하며 그대로 말에서 떨어져 죽었다.

서판관은 끝내 사망했으나 마을 사람들은 뱀의 저주에서 벗어날 수 있었다. 마을에는 다시 평화가 찾아왔고 더는 제물을 바치지 않아도 됐기에 모두 기뻐했다. 더불어 자신들을 구해 준 서판관을 위해 정성스럽게 장례를 치러 주었다. 뱀이 살던 동굴은 저주가 걸렸다고 해서 김녕사굴이라 불렀으며, 이후 아무도 출입하지 못하게 했다고 전해진다.

음식이 식기 전에 알아보는
1분 식도락 역사: 제주도

하늘나라를 구한 자청비가 가져온 '메밀'

제주도에는 오래전부터 자식이 없어 상심하던 김대감 부부가 있었다. 세월이 얼마쯤 흘렀을까. 매일 같이 부처님께 불공을 드린 덕에 마침내 딸을 얻을 수 있었다. 태어난 딸은 씩씩했고, 장난꾸러기처럼 익살스러웠다. 김대감 부부는 어렵게 얻은 자식이었던 만큼 아이의 모든 게 사랑스러웠다. 그래서 이름을 '자청비'라 짓고 살뜰히 보살폈다.

자청비는 무럭무럭 자라 15살이 되었다. 그러다 우연히 하늘나라 옥황상제의 아들 문도령을 만나게 됐는데, 수려한 문도령을 보곤 첫눈에 반해 버렸다. 그래서 문도령과 친해지고 싶어 스스로 남장을 하고, 같이 글 공부를 하며 지냈다. 3년이 지났을 때쯤 옥황상제의 부름에 따라 문도령은 하늘나라로 돌아가야만 했다. 헤어질 시간이 다가오자 자청비는 문도령에게 자신이 여자임을 밝혔다. 문

도령은 깜짝 놀랄 수밖에 없었다. 그러나 본인 또한 사실
자청비를 마음에 두고 있었기에 두 사람은 혼인을 약속
하고 훗날을 기약했다.

그러나 시간이 지나도 기별이 없자, 자청비는 직접
하늘나라로 가서 문도령을 만나고자 했다. 옥황상제는 그
러한 자청비의 모습을 기특하게 여겨 혼인을 허락했고,
두 사람이 같이 살 수 있게 해 주었다. 하지만 행복도 잠
시, 하늘나라에서 큰 반란이 일어났다. 옥황상제와 문도
령은 반란군에게 포위돼 매우 위태로운 상황이었다.

이때 자청비가 홀로 전투에 참전해 반란군을 모조리
제압하고, 옥황상제와 문도령을 구해냈다. 옥황상제는 크
게 기뻐하며 상으로 땅을 주려고 했으나 자청비는 오곡
씨앗을 달라고 요청했다. 그리하여 자청비는 문도령과 함
께 제주도에 내려와 그곳에 오곡 씨앗을 심기 시작했다.
이 일로 인해 제주도는 더할 나위 없는 풍요와 번영을 맞
았다. 그리고 제주에서만 나는 메밀은 자청비가 심은 마
지막 씨앗이었다고 전해지고 있다.

참고 자료

한국사데이터베이스(http://db.history.go.kr/)

한국역사정보통합시스템(http://koreanhistory.or.kr/)

조선왕조실록(http://sillok.history.go.k/r)

승정원일기(http://sjw.history.go.kr/)

우리역사넷(http://contents.history.go.kr/)

한국민족문화대백과사전(http://encykorea.aks.ac.kr/)

한국학자료센터(https://kostma.aks.ac.kr/)

네이버지식백과(https://terms.naver.com/)

두피디아(https://www.doopedia.co.kr/)

위키백과(https://ko.wikipedia.org/)

나무위키(https://namu.wiki/)

문화재청(https://www.cha.go.kr/)

국가문화유산포털(https://www.heritage.go.kr/)

문화재공간정보서비스(http://gis-heritage.go.kr/)

국립문화재연구소 문화유산 연구지식포털(https://portal.nrich.go.kr/)

국립무형유산원 무형유산 디지털아카이브(https://www.iha.go.kr/)

한국문화재재단 공식블로그(https://blog.naver.com/fpcp2010)

유네스코 세계문화유산(https://heritage.unesco.or.kr/)

KBS역사저널 그날(https://program.kbs.co.kr/)

한국관광공사(https://kto.visitkorea.or.kr/)

한국관광 100선(https://korean.visitkorea.or.kr/)

서울시청(https://www.seoul.go.kr/)

서울로 떠나는 역사 여행(https://www.seoul.go.kr/)

서울역사아카이브(http://museum.seoul.go.kr/)

서울정책아카이브(https://seoulsolution.kr/)

VISIT SEOUL(https://korean.visitseoul.net/)

문화재청 궁능유적본부 창덕궁관리소(http://www.cdg.go.kr/)

서대문형무소역사관(https://sphh.sscmc.or.kr/)

서울시설공단(https://www.sisul.or.kr/)

청계천박물관(https://museum.seoul.go.kr/)

여주시문화관광(https://www.yeoju.go.kr/)

문화재청 궁능유적본부 세종대왕유적관리소(https://sejong.cha.go.kr/)

경기도청(https://www.gg.go.kr/)

경기도 광주시청(https://www.gjcity.go.kr/)

문화체육관광부 어린이 누리집(https://www.mcst.go.kr/)

수원관광(https://www.suwon.go.kr/)

수원문화재단(https://www.swcf.or.kr/)

인천관광공사(https://www.ito.or.kr/)

인천차이나타운(http://ic-chinatown.co.kr/)

강원도청(https://www.provin.gangwon.kr/)

강원관광(https://www.gangwon.to/)

강원도관광재단(http://www.gwto.or.kr/)

강원도관광협회(http://gwd-ta.co.kr/g5/)

강릉관광(https://www.gn.go.kr/)

오죽헌 시립박물관(https://www.gn.go.kr/museum/)

영월군청(https://www.yw.go.kr/)

철원군문화관광(https://www.cwg.go.kr/)

DMZ 평화와 생명의 땅(https://www.dmz.go.kr/)

근현대사 아카이브(http://archive.much.go.kr/)

공주문화관광(http://www.gongju.go.kr/)

디지털공주문화대전(http://gongju.grandculture.net/)

대한민국 정책브리핑(https://www.korea.kr/)

대한민국 구석구석(https://korean.visitkorea.or.kr/)

단양군청(https://www.danyang.go.kr/)

독립기념관(https://i815.or.kr/)

천안문화관광(https://www.cheonan.go.kr/)

경주시청(https://www.gyeongju.go.kr/)

경주국립공원(https://www.knps.or.kr/)

대구시청(https://www.daegu.go.kr/)

경상북도의회(https://www.gb.go.kr/)

안동 하회마을보존회(http://www.hahoe.or.kr/)
안동관광(http://www.tourandong.com/)
진주관광(https://www.jinju.go.kr/)
진주유등축제(https://yudeung.com/)
거제해양관광개발공사(https://www.gmdc.co.kr/)
거제관광문화(https://tour.geoje.go.kr/)
거제시청(https://www.geoje.go.kr/)
국립익산박물관(https://iksan.museum.go.kr/)
익산시문화관광(https://www.iksan.go.kr/)
완도군청 장보고기념관(https://www.wando.go.kr/)
해상왕장보고(https://www.ilovesea.or.kr/)
전라북도토탈관광(https://tour.jb.go.kr/)
VISIT JEONJU(http://visitjeonju.net/)
전주시문화관광(https://tour.jeonju.go.kr/)
전주 한옥마을(http://hanok.jeonju.go.kr/)
전국관광지정보(https://www.korearank.com/)
해남군청(http://www.haenam.go.kr/)
해남우수영강강술래 진흥보존회(http://www.ggsr.kr/)
경남도청(https://www.gyeongnam.go.kr/)
아산시문화관광(https://www.asan.go.kr/)
문화재청 현충사관리소(https://hcs.cha.go.kr/)
건축도시정책정보센터(http://www.aurum.re.kr/)
신안군문화관광(https://tour.shinan.go.kr/)
VISIT JEJU(https://www.visitjeju.net/kr)
제주관광공사(https://ijto.or.kr/korean/)
제주특별자치도관광협회(http://visitjeju.or.kr/)
제주도청(https://www.jeju.go.kr/)
제주시청(https://www.jejusi.go.kr/)

5분 순삭 한국사

초판 1쇄 발행 2024년 1월 3일

지은이 이정균
펴낸이 박영미
펴낸곳 포르체

책임편집 김다예
마케팅 김채원 정은주
디자인 황규성

출판신고 2020년 7월 20일 제2020-000103호
전화 02-6083-0128 | 팩스 02-6008-0126
이메일 porchetogo@gmail.com
포스트 https://m.post.naver.com/porche_book
인스타그램 www.instagram.com/porche_book

여러분의 소중한 원고를 보내주세요.
porchetogo@gmail.com